Cafe Schwesterherz

Cafe Schwesterherz

Herzhafte und zuckersüße Rezepte für jeden Tag

Gillian, Nichola und Linsey Reith

Aus dem Englischen von Helmut Ertl

KNESEBECK

Inhalt

Wilkommen im Three Sisters Bake

Wir sind drei Schwestern, und unsere große Leidenschaft ist das Essen. Rezepte sind unser Gesprächsstoff, Kochbücher unsere Lieblingslektüre, wir experimentieren und probieren alles Mögliche aus. Für uns gibt es keinen schöneren Ort als die Küche.

Unser Faible für gutes Essen ist uns gewissermaßen in die Wiege gelegt. Mit einer Hauswirtschaftslehrerin als Mutter und Großeltern, die einen Süßwarenladen besaßen, war unsere gastronomische Laufbahn vermutlich von Kindesbeinen an vorbestimmt.

2011 haben wir unsere kulinarischen Luftschlösser in die Tat umgesetzt und im schottischen Quarriers Village unser Café *Three Sisters Bake* eröffnet. Wir begannen mit kleinem Budget und großen Plänen: Wir wollten eine Oase schaffen mit gutem Essen, bestem Kaffee, entspanntem Ambiente und frischer Landluft. Und heute kommen neben Stammgästen aus der Gegend Besucher aus ganz Schottland zu uns.

Wir lassen uns gerne von der idyllischen ländlichen Umgebung des Cafés inspirieren, verwenden regionale Produkte, wann immer es möglich ist, und greifen mit Vorliebe traditionelle schottische Gerichte auf, um ihnen unseren ganz persönlichen *Three-Sisters-Bake*-Touch zu geben. Unsere hausgemachten Kartoffel-Scones mit Black Pudding aus Stornoway (Seite 28) gehören inzwischen zu den absoluten Rennern auf unserer Frühstückskarte.

Unser Leitgedanke war immer, alle Sinne zu erfreuen. Deshalb möchten wir, dass unsere Gerichte genauso gut aussehen, wie sie schmecken. Die Rezepte in diesem Buch sollen unsere Vorstellung von guter Küche widerspiegeln, wie wir sie im Café servieren und wie wir sie zu Hause selbst gern genießen: einfache, originelle Alltagsgerichte aus frischen und gesunden Zutaten – und jede Menge Kuchen natürlich!

Wir hoffen, Sie haben genauso viel Freude daran wie wir.

A.G. McCALL
SILK CUT
MOIST APPLE-CAKE
(MAKES 8 in square cake)
8oz plain flour
½ level tsp salt
½ level tsp bicarb. of soda
4oz butter or marg
8oz caster sugar
to decorate.
shallow 8in. square tin
PLUM CHUTNEY
3 LB VICTORIA PLUMS
1 LB ONIONS
1 LB TOMATOES SLICED
1 LB RAISINS
2 OZS CHOPPED DATES
1 LB DEM. SUGAR
2 PINTS BROWN VINEGAR
Butter
6oz Demerara sugar
6oz black treacle
6oz golden syrup
½ pint milk
1 large egg, beaten

Wie alles begann

Wir wuchsen in einem heimeligen Haus auf, die Nasen umweht vom Duft von Essen, selbst gebackenem Kuchen und Brot aus dem AGA-Ofen. Als Kinder waren wir ständig damit beschäftigt, irgendetwas zu basteln oder aus Salzteig Figuren zu kneten, und wir übten am Küchentisch, wie man Blechkuchen backt.

Unsere Großeltern besaßen in einem kleinen schottischen Dorf namens Kirriemuir einen alten Süßwarenladen. Wenn wir sie als Kinder besuchten, fühlten wir uns wie Charlie in der Schokoladenfabrik. Stundenlang standen wir auf einem Hocker hinter der hohen Ladentheke und halfen, die Kunden zu bedienen, verstauten bunte Süßigkeiten in Papiertütchen und zählten Münzen an der alten Registrierkasse. Neben Unmengen von Bonbons aus dem Glas verkaufte unsere Oma auch ihr selbst gemachtes »Tablet« – eine Art schottisches Karamellbonbon, nur ein wenig krümeliger. Es war so beliebt, dass sie jeden Tag ein ganzes Blech davon zubereitete, in kleine Würfel schnitt und portionsweise in kleine Tütchen packte. Dabei spannte sie uns oft für kleine Hilfsarbeiten in den Fertigungsprozess ein, damit wir keinen Unfug trieben! Wenn ich heute sagen sollte, was unseren Wunsch nach einem eigenen Café genährt hat, dann hatte die Gewohnheit, unserer Oma fasziniert dabei zuzusehen, wie sie Tablet machte und verkaufte, gewiss großen Anteil daran.

Unseren ersten richtigen Eindruck vom Gastgewerbe bekamen wir, als wir als Teenager im örtlichen Kaffeehaus jobbten. Unter dem wachsamen Auge unserer Chefin und Mentorin Liz erlernten wir langsam die Kunst der Cappuccino-Bereitung und schauten in Ehrfurcht zu, wie sie ganz im Alleingang die Küche bewältigte, die Kaffeemaschine bediente, den Papierkram erledigte und ihre Scharen von treuen Gästen verwöhnte. Bei ihr sah alles so einfach aus!

Jeder, der schon mal in einem Café, Restaurant, Hotel oder in einer Bar gearbeitet hat, weiß, wie schwer diese Arbeit ist, aber sie macht auch ungemein Spaß. Dieser Beruf geht unter die Haut und ergreift irgendwie Besitz von jedem, der ihn ausübt. Rückblickend hat uns alle drei wohl schon in jungen Jahren das Gastronomiefaible gepackt.

Nach der Schule zog es uns erst einmal in die Welt hinaus. Ich studierte Englisch an der Strathclyde University, Nichola ging an die Uni in Aberdeen, Fachbereich Naturwissenschaften, und Linsey folgte ihr, um Englisch zu studieren.

Wie die meisten Hochschulabsolventen hatten wir keine Ahnung, was wir mit unserem Leben anfangen sollten. Also suchten wir, jede für sich, das Abenteuer. Die folgenden Jahre verbrachten wir damit, uns um die Welt zu jobben, kellnerten in Cafés und Restaurants, kochten auf Luxusjachten und in Skihütten, arbeiteten in Badeorten und zapften Guinness in irischen Bars.

Nebenher nutzten wir die Zeit, unserer Leidenschaft für gutes Essen neue Impulse zu geben. Wir genossen die luftigsten Pfannkuchen in New York, den erlesensten Sauvignon Blanc in Neuseeland, Cupcakes, die zu schön waren, um sie zu essen, in San Francisco und fangfrischen Fisch in Kroatien. Für kurze Zeit wohnte Linsey in Frankreich gegenüber einer Boulangerie und probierte sich durch sämtliche Kuchen und Tartes, während Nichola und ich in Australien weilten und in Melbournes beneidenswerte Café-Kultur eintauchten, in Gourmet-Brunchs schwelgten und uns in der Sucht der Australier nach exzellentem Kaffee übten. Obwohl Pläne für ein eigenes Café noch in weiter Ferne lagen, müssen wir im Unterbewusstsein wohl bereits Ideen, Anregungen und Aromen gespeichert haben, um Jahre später darauf zurückzukommen.

Schließlich war es Zeit, ins richtige Leben zurückzukehren und einen handfesten Job »für Erwachsene« aufzunehmen. Ich arbeitete einige Jahre im Bereich PR und Marketing, Nichola verdingte sich als Projekt-Managerin bei einem Pharmaunternehmen und Linsey in einer Personalabteilung. Unser gemeinsames Interesse an gutem Essen, Wein und Kaffee geriet vorübergehend in die Klauen von Akten, E-Mails und Verwaltungskram.

Doch die »vernünftigen« Jobs waren nicht von langer Dauer. Eine nach der anderen begannen wir, die Sirenengesänge der Gastronomie zu hören. Wir quittierten unsere langweiligen Schreibtischjobs und stürzten uns wieder in die turbulente Welt der Restaurants und Feinschmeckerei. Nichola arbeitete als Bäckerin, Linsey erlernte das Kochhandwerk und ich arbeitete im Servicebereich eines Cafés in Glasgow.

Es dauerte nicht lange, bis die Idee eines eigenen Cafés Gestalt annahm. Wir trafen uns jede Woche bei ein paar Tapas und Wein und schäumten über vor Ideen bezüglich Speisekarten, Logos, Businessplänen, möglichen Standorten, Namen und Einrichtungen. Jedes Detail wurde haarklein diskutiert bis hin zur Farbe der Salz- und Pfeffermühlen!

Nach monatelanger Suche fanden wir schließlich ein geeignetes Objekt für unsere Cafépläne. Der mühevolle Prozess, unseren Traum zu verwirklichen, begann. Wir rissen Wände ein, strichen Türen, zimmerten Möbel und füllten Regale mit Vorräten. Endlich, im Oktober 2011 war es so weit – das *Three Sisters Bake* öffnete seine Türen.

Seitdem haben wir turbulente Zeiten hinter uns, zumal unsere Familie – im Café wie zu Hause – Zuwachs bekommen hat. Wir haben Personal angeheuert, das mittlerweile fest zum Team gehört. Unter unseren Gästen haben wir viele neue Freunde gefunden und wir haben ein wöchentliches Strickkränzchen und eine Krabbelgruppe ins Leben gerufen. Eine Portion Mutterschaftsurlaub haben wir auch noch hineingezwängt, 2012 bekam ich ein kleines Mädchen, Rosie, und Nichola brachte 2013 Tate zur Welt.

Obwohl mittlerweile ein großartiges Team für uns arbeitet, sind wir noch immer aktiv im Café beschäftigt. Nichola leitet das Hochzeitstortengeschäft, Linsey managt Catering und Lieferservice, und ich kümmere mich um unseren Imbisswagen und Events.

Wer weiß, was die Zukunft im *Three Sisters Bake* bringt. Wir ruhen uns nie lange auf unseren Lorbeeren aus und können das nächste Kapitel des Abenteuers kaum erwarten!

GILLIAN

Brunch

Das Frühstück ist nicht nur die wichtigste Mahlzeit des Tages im *Three Sisters Bake*, es ist auch die aufregendste!

Als Schwestern werden wir häufig gefragt, wie wir es schaffen, zusammenzuarbeiten, ohne uns ständig zu streiten. Nun, natürlich gibt es gelegentliche Unstimmigkeiten, doch bei den wichtigen Dingen scheinen wir immer einer Meinung zu sein. Wir haben eine sehr ähnliche Einstellung zum Leben, zur Arbeit und – am allerwichtigsten – zum Essen. Dazu zählt auch, dass wir das Frühstück ganz besonders lieben und genießen.

Wenn viel zu tun ist im Café, sehen wir uns oft den ganzen Tag kaum, doch das Frühstück verbringen wir in jedem Fall gemeinsam. Früher versammelte sich die Familie zum Frühstück am Küchentisch, und wenn auch nur für eine fünfminütige Pause vor dem Weg zum Schulbus. Das Frühstück bestand aus Getreideflocken, Toast oder Porridge.

Erst als wir nach dem Studium unabhängig voneinander nach Australien aufbrachen, bekamen wir einen Eindruck davon, was für ein Potenzial in dieser Mahlzeit steckt. Wer schon einmal dort war, kennt die faszinierende Café-Kultur der Australier. Jedes noch so winzige Café in den Suburbs von Sydney oder Melbourne bietet eine verlockende und originelle Auswahl zum Brunchen. Für uns, die wir in Schottland aufgewachsen sind, beschränkte sich die Auswahl an Frühstücksgerichten auf Specksandwiches und das typische Full English Breakfast. Uns fielen fast die Augen aus dem Kopf, als wir das Angebot in Australien sahen: selbst gemachte Müslis, stapelweise Pfannkuchen mit Beeren, Ahornsirup, Speck und Bananen, tropische Fruchtsalate in allen Regenbogenfarben, frischer Joghurt, Maisküchlein, pochierte Eier mit Avocado, Smoothies und Säfte aus allen erdenklichen Früchten und – natürlich – hervorragender Kaffee!

Viele, die in Australien lebten, haben dort ihren Sinn für gutes Essen und guten Kaffee entwickelt, und nicht wenige ließen sich davon anregen, selbst ein Café zu eröffnen, um ein bisschen von der australischen Café-Kultur zu bewahren und zu vermitteln. Genauso erging es uns. Die Rezepte in diesem Kapitel sind ein Spiegel unserer Australienaufenthalte, garniert und ergänzt durch eine Reihe typisch schottischer Aromen und Zutaten.

NICHOLA

Pfannkuchenstapel mit Blaubeeren

Der Pfannkuchenstapel hätte das Zeug zum Wörterbucheintrag als Definition für ein dekadentes Frühstück. Was könnte schöner sein, als den Morgen mit einer süßen Versuchung zu beginnen? Das Leben hat gewiss nicht viel Angenehmeres zu bieten als einen turmhohen Stapel Pfannkuchen bei einem Sonntags-Brunch, garniert mit was immer das Herz begehrt. Hier mein Favorit – Blaubeerkompott. GILLIAN

FÜR 4 PERSONEN

FÜR DAS BLAUBEERKOMPOTT
200 g Blaubeeren
3 EL extrafeiner Zucker

FÜR DIE PFANNKUCHEN
200 g Mehl
1½ TL Backpulver
½ TL Salz
50 g extrafeiner Zucker
200 ml Vollmilch
2 große Eier, raumtemperiert
50 g zerlassene Butter plus 15 g zum Backen

Für das Blaubeerkompott die Blaubeeren waschen, gut abtropfen lassen und mit dem Zucker und 1 Esslöffel Wasser in einen Topf geben. Die Blaubeeren vorsichtig aufkochen, auf schwacher Hitze 3 Minuten sanft kochen und etwas abkühlen lassen.

Für die Pfannkuchen Mehl, Backpulver, Salz und Zucker in eine Rührschüssel sieben.

In einer weiteren Rührschüssel Milch und Eier verschlagen, die zerlassene Butter unterrühren, alles zur Mehlmischung geben und das Ganze mit dem elektrischen Handrührgerät zu einem dickflüssigen Teig verrühren.

In einer beschichteten Pfanne auf mittlerer Stufe sehr wenig Butter erhitzen, eine kleine Kelle Pfannkuchenteig hineingeben, durch Schwenken der Pfanne gleichmäßig verteilen und backen, bis sich an der Oberfläche kleine Bläschen bilden. Den Pfannkuchen wenden und von der anderen Seite goldbraun backen. In dieser Weise den restlichen Teig zu Pfannkuchen verarbeiten.

Die Pfannkuchen stapeln, mit dem Blaubeerkompott garnieren und servieren.

Muffins mit Schweinshachse und reifem Cheddar

Diese leckeren Muffins sind ein Kinderspiel und ein großartiger Frühstücksschmaus, wenn Gäste am Tisch sitzen. Man braucht ihnen ja nicht unter die Nase zu reiben, wie einfach die Zubereitung ist! **NICHOLA**

ERGIBT 12 STÜCK

250 g Mehl
3 TL Backpulver
½ TL Backnatron
¼ TL Salz
125 g reifer Cheddar, gerieben
100 g gegarte Schweinshachse, gewürfelt (vielerorts auch als Schweinshaxe bekannt)
90 ml Sonnenblumenöl, plus etwas Öl zum Einfetten
150 g Joghurt
125 ml Vollmilch
1 großes Ei, raumtemperiert

Den Ofen auf 200 °C vorheizen. Ein Muffinblech mit Öl einfetten oder mit Papierbackförmchen auskleiden.

Mehl, Backpulver, Backnatron und Salz in eine Rührschüssel sieben.

In einer weiteren Schüssel Cheddar, Schweinefleisch, Öl, Joghurt, Milch und Ei miteinander vermengen und zum Mehl geben. Alles in der Küchenmaschine oder mit einem Kochlöffel sorgfältig verrühren. Den Muffinteig in die Papierbackförmchen oder in die Mulden der Form füllen.

Die Muffins 20 Minuten im Ofen backen, bis sie goldbraun und gut durchgebacken sind, dann herausnehmen und auf einem Kuchengitter etwas abkühlen lassen.

Maissandwiches mit Halloumi und Chipotle-Mayonnaise

***Ein feuriger Dauerbrenner zum Brunch* im Three Sisters Bake.**

ERGIBT 4 SANDWICHES

2 getrocknete Chipotle-Chilis
1 Rezept selbst gemachte Mayonnaise (Seite 131)
2 EL grob gehacktes Koriandergrün
abgeriebene Schale von 1 Bio-Limette
1 EL Rapsöl
1 Paket (250 g) Halloumi, längs in ½ cm dicke Streifen geschnitten
4 Amerikanische Mais-Muffins (Seite 121)
40 g Rucola zum Servieren

Die Chipotle-Chilis von Stiel und Samen befreien und in grobe Stücke schneiden. Die Mayonnaise nach Rezept zubereiten und zuletzt die Chipotle-Chilis, das Koriandergrün und die Limettenschale dazugeben. Das Ganze gründlich mixen, bis alles gleichmäßig vermengt und eine leuchtend orangefarbene, scharfe Mayonnaise entstanden ist.

Das Öl in einer beschichteten Grillpfanne kräftig erhitzen und die Halloumi-Scheiben darin von jeder Seite 1–2 Minuten braten, bis sich goldbraune Grillstreifen abzeichnen. Den Käse aus der Pfanne nehmen und beiseitelegen.

Die Mais-Muffins aufschneiden und die unteren Hälften großzügig mit Chipotle-Mayonnaise bestreichen. Mit den Rucolablättern und dem gegrillten Halloumi belegen und die Sandwichdeckel daraufsetzen.

Bananenbrot

Hier ein weiteres Rezept aus unserer Zeit in Australien. Jedes Café in Australien, das etwas auf sich hält, serviert Bananenbrot getoastet und mit Butter bestrichen. Mein Mann aß es in Australien sechs Monate lang jeden Morgen zum Frühstück, wollte aber nicht zugeben, dass er jeden Tag mit Kuchen begann! Sorry Schätzchen, es mag zwar Brot heißen, aber es ist eindeutig ein Kuchen. NICHOLA

FÜR 10 PERSONEN

etwas Butter für die Form
3 große überreife Bananen
350 g extrafeiner Zucker
110 g weiche Butter
2 große Eier, raumtemperiert
225 g Mehl
¼ TL Backpulver
½ TL Backnatron
1 TL Vanillearoma
75 g Nüsse oder Samen (nach Belieben)
2–3 EL Schokoladentropfen oder Blaubeeren (nach Belieben)

Den Ofen auf 180 °C vorheizen. Eine Kastenform mit Butter ausfetten und mit Backpapier auskleiden. Die Bananen schälen und mit einer Gabel zerdrücken.

Den Zucker und die Butter mit dem elektrischen Handrührgerät 3–4 Minuten hellgelb und schaumig schlagen. Unter ständigem Weiterrühren einzeln die Eier einarbeiten. Das Mehl, Backpulver und Backnatron über die Schaummasse sieben und sorgfältig unterziehen. Anschließend das zerdrückte Bananenfleisch und das Vanillearoma untermengen. Zuletzt nach Belieben Nüsse oder Samen sowie Schokotropfen oder Blaubeeren unter den Teig heben.

Den Teig in die Kastenform füllen und im Ofen 1 Stunde und 15 Minuten backen. Zur Garprobe den Kuchen in der Mitte mit einem Holzspieß einstechen – bleiben noch Teigreste daran kleben, die Backzeit um 10 Minuten verlängern.

Das Bananenbrot vor dem Stürzen aus der Form vollständig abkühlen lassen. In Scheiben schneiden und getoastet und mit Butter bestrichen genießen!

nera
nera

Bohnen Bostoner Art auf Roggenbrot

Boston beans standen im Three Sisters Bake zuerst auf der Soul-BBQ-Karte, sind aber inzwischen auch zu einem echten Renner unter den Brunch-Specials geworden. Die Pancetta verleiht den Bohnen eine leicht rauchige Note, für eine rein vegetarische Variante kann man sie aber auch weglassen. Es wird niemanden überraschen, dass wir dazu reifen schottischen Cheddar zum Bestreuen für das ultimative Bohnenerlebnis empfehlen! **GILLIAN**

FÜR 4 PERSONEN

100 g geräucherte Pancetta (oder durchwachsener Räucherspeck)
1 weiße Zwiebel
1 Stange Sellerie
1 grüne Paprikaschote
1 Knoblauchzehe
1 TL Pflanzenöl
120 g brauner Rohrzucker
1 Dose (400 g) gehackte Tomaten
1 TL geräucherter Paprika
1 TL gemahlener Kreuzkümmel
1 Prise Chinesisches Fünfgewürzpulver
3 Gewürznelken
2 Dosen (je 400 g) Cannellini-Bohnen, abgespült und abgetropft
je 1 Prise Salz und zerstoßener schwarzer Pfeffer
4 Scheiben Roggen-Rosinen-Brot (Seite 115)

Die Pancetta in Würfel schneiden. Die Zwiebel schälen, den Sellerie waschen, die Paprikaschote waschen, halbieren und von Strunk und Samen befreien. Das Gemüse in kleine Würfel schneiden. Den Knoblauch durch die Presse drücken.

Das Öl in einem Topf mit schwerem Boden kräftig erhitzen und die Pancetta darin in 5 Minuten knusprig braten. Zwiebeln, Knoblauch, Sellerie und Paprikawürfel zum Speck geben und unter ständigem Rühren bei mäßiger Hitze garen, bis das Gemüse weich, jedoch nicht gebräunt ist. Den Zucker, die gehackten Tomaten und die Gewürze unterrühren.

Die Hitze reduzieren und die Sauce etwa 10 Minuten köcheln lassen, bis sie um ein Drittel reduziert ist, dann die Cannellini-Bohnen untermengen und das Ganze abschmecken.

Das Brot toasten und mit den Bohnen anrichten.

Gestapelte Kartoffel-Scones

Dieses katerfreundliche Gericht kombiniert zwei der beliebtesten schottischen Frühstücksgrößen: Black Pudding (Blutwurst) und Scones. Black Pudding gibt es in Deutschland in englischen Lebensmittelgeschäften. Für das perfekte pochierte Ei hat jeder sein eigenes Rezept. Meins ist ein kräftiger Schuss Essig, ein tiefer Topf mit siedendem Wasser und drei Minuten Garzeit. LINSEY

FÜR 4 PERSONEN

4 große Kochäpfel (z. B. Boskop)
1 EL Olivenöl
30 g Butter
30 g extrafeiner Zucker
400 g Black Pudding (vorzugsweise aus Stornoway)
70 g Rucola
4 Scheiben Sauerteigbrot (Seite 117)
1 EL Pflanzenöl
4 Kartoffel-Scones (Seite 120)
2 EL heller Weinessig
4 große Eier

Den Ofen auf 120 °C vorheizen. Die Äpfel vierteln, entkernen (Schälen ist nicht nötig). und die Viertel in je 4 Scheiben schneiden. Das Öl und die Butter in einer beschichteten Pfanne erhitzen und die Apfelscheiben darin bei mittlerer Hitze braten; ab und zu umrühren. Sobald sie etwas weich geworden sind, aber noch Biss haben, den Zucker hineinstreuen. Alles weiter 2 Minuten garen, bis sich der Zucker aufgelöst hat und die Äpfel karamellisiert sind. Warm stellen.

Den Black Pudding in 1 cm dicke Scheiben schneiden, auf ein Backblech legen und für 15 Minuten in den Ofen schieben.

Einen großen Topf mit Wasser füllen und zum Kochen bringen. Die Rucolablätter waschen und trockenschütteln.

5 Minuten vor Ende der Bratzeit des Black Pudding das Sauerteigbrot sehr hell toasten, herausnehmen und auf einem Blech in den Ofen schieben.

Das Pflanzenöl in einer beschichteten Pfanne 1 Minute bei mittlerer Hitze erhitzen und die Kartoffel-Scones darin von jeder Seite in 1–2 Minuten goldbraun braten. Auf einen vorgewärmten Teller legen.

Den Essig in das kochende Wasser geben und die Hitze so regulieren, dass es nur ganz leicht siedet. In rascher Folge die Eier aufschlagen und hineingleiten lassen und 3 Minuten pochieren.

Inzwischen auf 4 Tellern schnell arbeitend ein Bett aus Rucola ausbreiten und die Toasts, die Kartoffel-Scones, die Black-Pudding-Scheiben und die karamellisierten Äpfel in einem Stapel darauf anrichten.

Am Ende der Garzeit die pochierten Eier mit einer Schaumkelle aus dem Wasser heben und auf einem Küchentuch oder Küchenpapier abtropfen. Auf jeden Scone-Stapel ein pochiertes Ei setzen und sofort servieren.

In Agavensirup pochierte Pfirsiche mit geröstetem Paranussmüsli

Die meisten gekauften Müslis und Frühstücksflocken enthalten übermäßig viel Zucker und Öl. Bei diesem Müsli haben wir eine Weile herumprobiert, bis wir eine Mischung gefunden hatten, die so praktisch ist wie ein Müsli aus der Packung, aber um Längen besser schmeckt und ohne all die ungesunden Zusätze auskommt. LINSEY

FÜR 6 PERSONEN

6 reife Pfirsiche
100 ml Agavensirup
abgeriebene Schale und Saft von 1 Bio-Zitrone

FÜR DAS MÜSLI
40 g Paranüsse
30 g Pistazienkerne
30 g blanchierte Mandeln
30 g ungesüßte Kokosraspel
20 g Haferflocken
40 g getrocknete Cranberries
40 g Rosinen

500 g griechischer Joghurt zum Servieren

Die Pfirsiche unzerteilt in einen mittelgroßen Topf legen und mit Wasser fast bedecken. Den Agavensirup sowie Schale und Saft der Zitrone zugeben, alles bei mittlerer Hitze aufkochen und 15 Minuten leise köcheln lassen. Die Früchte zwischendurch ein- oder zweimal behutsam umdrehen. Die Kochflüssigkeit sollte etwas eindicken. Die Pfirsiche von der Kochstelle nehmen und abgießen. Die Pochierflüssigkeit auffangen.

Den Ofen auf 160 °C vorheizen. Für das Müsli die Nüsse grob hacken. Nüsse und Kokosraspel mit den Haferflocken und den Trockenfrüchten auf einem großen Backblech vermengen. Mit 150 ml der Pochierflüssigkeit übergießen – nur so viel, dass die Zutaten leicht bedeckt sind – und alles noch einmal durchmischen.

Das Müsli 10 Minuten im Ofen rösten, dann mit einer Gabel durchrühren und weitere 10 Minuten rösten. Diesen Vorgang wiederholen, bis die Haferflocken, Nüsse und Früchte goldbraun und knusprig sind. Das Müsli aus dem Ofen nehmen und abkühlen lassen. Dabei wird es noch knuspriger und entwickelt einen angenehm kernigen Biss.

Die Pfirsiche halbieren, den Kern entfernen und die Hälften in Schalen anrichten, mit einem Klecks Joghurt garnieren und mit dem Müsli bestreuen.

Liebeseier

Ein supergesundes, vegetarierfreundliches Frühstück – gewissermaßen die Mutter Teresa des Frühstücks!

FÜR 4 PERSONEN

FÜR DIE SALSA
1 große rote Paprikaschote
8 große reife Rispentomaten
1 rote Zwiebel
½ Bund Koriandergrün
10 Scheibchen Jalapeño-Chilis aus dem Glas (nach Belieben)
Saft von 1 Limette
3 EL natives Olivenöl extra
Salz und Pfeffer aus der Mühle

1 TL Weißweinessig
4 große Eier
4 Scheiben Sauerteigbrot (Seite 117)
1 reife Avocado

Für die Salsa die Paprikaschote halbieren, von Samen und Stielansatz befreien und mit den Tomaten und der Zwiebel in feine Würfel schneiden. Das Koriandergrün waschen, trockenschütteln und zusammen mit dem Gemüse in eine Schüssel geben. Nach Belieben die Chilis dazugeben. Das Ganze mit dem Limettensaft und dem Olivenöl beträufeln, salzen, pfeffern und vermischen.

In einem großen Topf reichlich Wasser zum Kochen bringen und den Essig hineingeben. Die Avocado schälen, entsteinen und das Fruchtfleisch in Scheiben schneiden.

Sobald das Wasser siedet, die Eier einzeln in eine kleine Schale oder Tasse schlagen und rasch in das Wasser gleiten lassen. Die Eier 2–3 Minuten pochieren. Zur Garprobe mit einem Schaumlöffel herausheben und mit dem Finger sanft andrücken – das Eiweiß sollte fest sein, das Eigelb jedoch noch leicht nachgeben.

Inzwischen das Sauerteigbrot toasten und auf vier Teller verteilen. Jeden Toast mit Avocadoscheiben belegen, je 1 pochiertes Ei daraufsetzen und das Ganze mit einem großzügigen Löffel Salsa bedecken.

Rührei mit rotem Zwiebel-Chutney

Ein ähnliches Frühstück wie dieses habe ich oft in einem Café in Coogee, einem am Strand gelegenen Außenbezirk von Sydney, gegessen. Zwar fehlt mir heute der Blick aufs Meer, aber es schmeckt immer noch großartig! Das Geheimnis von gutem Rührei liegt darin, es ganz langsam zu garen und mit Argusaugen zu überwachen. Bereiten Sie erst alle Zutaten vor, ehe Sie die Eier in Angriff nehmen. NICHOLA

FÜR 2 PERSONEN

4 rote Zwiebeln
1 EL natives Olivenöl extra
30 g Butter
2 EL brauner Rohrzucker
1 Prise Salz
1 Handvoll Pinienkerne
4 große Eier
1 EL Pflanzenöl
2 Scheiben Sauerteigbrot (Seite 117)
einige Blätter Rucola zum Servieren

Für das Zwiebel-Chutney die Zwiebeln schälen und in dünne Scheiben hobeln. Olivenöl und die Hälfte der Butter in einem Topf erhitzen und die Zwiebeln darin bei schwacher Hitze 10–15 Minuten anschwitzen, bis sie ganz weich sind und allmählich zu bräunen beginnen. Ab und zu umrühren, damit sie nicht ansetzen.

Den Ofen auf 160 °C vorheizen. Die Zwiebeln mit Zucker und Salz bestreuen, umrühren und weitere 5 Minuten unter ständigem Rühren garen, bis sie karamellisiert und sämig dick sind, dann von der Kochstelle nehmen und vollständig abkühlen lassen.

Die Pinienkerne auf einem ungefetteten Backblech verteilen und im Ofen in 3–4 Minuten goldbraun rösten.

Für das Rührei die Eier in einer Schüssel verschlagen. Die restliche Butter und das Pflanzenöl in einer beschichteten Pfanne auf kleiner Flamme erhitzen. Sobald die Butter aufschäumt, das Ei hineingießen und alle 10 Sekunden mit einem Kochlöffel umrühren.

In der Zwischenzeit das Brot toasten. Die Toasts auf Teller legen und mit dem Zwiebel-Chutney bedecken.

Sobald das Rührei eben gestockt, jedoch cremig und noch ein wenig flüssig ist, die Pfanne von der Kochstelle nehmen und das Rührei in der Resthitze noch ein wenig nachgaren lassen.

Das Rührei auf die Toasts verteilen, alles mit den Rucolablättern garnieren und mit den gerösteten Pinienkernen bestreuen.

Warmes Marmeladenbrot für Kinder

»Piece« ist ein schottisches Wort für Stulle bzw. Sandwich. Den »Jeely Piece Song«, der so beginnt: »Oh ye canna fling pieces oot a twenty storey flat« (frei: Oh, man kann doch keine Stullen aus dem 20. Stock werfen), kennt jedes Kind des Landes, und das Marmeladenbrot in dem Lied ist ein bei Schottlands Schulkindern sehr beliebter Snack. Hier ist eine etwas dekadentere Version des alten Klassikers. GILLIAN

FÜR 1 PERSON

2 Scheiben Weißbrot
1 EL gute Himbeerkonfitüre (am besten selbst gemacht)
1 großes Ei
1 Prise Salz
2 TL Sahne
10 g Butter
25 g Puderzucker zum Bestreuen

Eine Brotscheibe mit der Marmelade bestreichen und die zweite Scheibe darauflegen. Das Ei in einer kleinen Schüssel mit dem Salz und der Sahne verschlagen.

Das Marmeladenbrot von beiden Seiten in die Eimasse tauchen, bis es sich komplett damit vollgesogen hat. Die Butter in einer kleinen beschichteten Pfanne mäßig erhitzen.

Das Sandwich in der Pfanne von beiden Seiten goldbraun braten. Darauf achten, dass es wirklich ganz durchgegart ist.

Das Sandwich aus der Pfanne nehmen und sofort von beiden Seiten großzügig mit Zucker bestreuen, damit sich eine süße Kruste bildet.

Selbst gemachte rosa Limonade

Diese hausgemachte Limonade ist der ultimative Durstlöscher an einem sonnigen Morgen und in Nullkommanichts zusammengemixt. Und mit reichlich Zitronen, Himbeeren und Minze garniert und in einem großen Krug serviert, ist sie auch auf einem Gartenfest eine willkommene Erfrischung. **LINSEY**

ERGIBT 6 GLÄSER

9 Bio-Zitronen
200 g frische Himbeeren
220 g extrafeiner Zucker
Eiswürfel zum Servieren

Die Schalen der Zitronen abreiben und den Saft der Früchte auspressen.

180 g der Himbeeren in einen großen hohen Krug geben, die Früchte eben mit Wasser bedecken und das Ganze mit dem Stabmixer pürieren.

Den Saft und die Schale der Zitronen unter das Fruchtpüree rühren, 1 ½ Liter kochendheißes Wasser zugießen und den Zucker untermengen.

Die Mischung abkühlen lassen und durch ein Sieb in einen großen Krug gießen (mit einem Kochlöffel etwas nachhelfen).

Die Limonade auf Eis in Gläser füllen und mit den restlichen Himbeeren garnieren.

Salate

CHERRY
CIDERETTE
FLETT LTD.
JUICE&SODA

Die ersten Jahre meiner Studienzeit in Aberdeen waren wie bei den meisten Studenten von einer miserablen Ernährung geprägt. In der Mensa gab es Berge von undefinierbaren frittierten Speisen, und wenn wir ausgingen, endete der Abend meist mit einer Portion »Chips and cheese« (Fritten mit Käse, der ultimative Zwei-Uhr-nachts-Snack). Ab und zu gerieten meine Mitbewohnerin und ich auf einen halbherzigen Gesundheitstripp, der aus zwei Abenden Reis mit Chilisauce bestand, bevor wir zu dem fettgebackenen Mensafraß zurückkehrten. Ich muss gestehen, ich empfand gesunde Ernährung als ziemlich lästiges Unterfangen.

Das änderte sich, nachdem ich mein Studium beendet hatte und einen Sommer als Stewardess auf einer Luxusjacht mit Heimathafen Antibes in Südfrankreich jobbte. Chefköchin Flossy bemerkte mein wachsendes Interesse am Kochen, da ich ihr Abend für Abend begeistert über die Schulter schaute, und nahm mich einen Sommer lang unter ihre Fittiche.

Auf unserer Reise von Hafen zu Hafen durfte ich sie bei ihren Einkaufstouren begleiten. Wir besuchten die schönsten Märkte auf Capri, entlang der Küste Sardiniens und in kleinen französischen Küstendörfern fernab der Glitzerwelt von St. Tropez. Nie zuvor hatte ich einen derartigen Reichtum an Produkten gesehen: in allen Farben leuchtendes Gemüse, riesige rote Fleischtomaten, samtige gelb und rosa schimmernde Pfirsiche, prächtige Zucchiniblüten, Melonen in allen Formen und Größen, Fässer voll Mozzarella und Eier, an denen noch die Federn klebten. Die Fischmärkte bordeten über vor Scampi, Hummern, Venusmuscheln und Fischen, von denen ich noch nie gehört hatte.

Das Mittagessen an Bord glich jeden Tag einem Fest. Wir verwöhnten die Gäste mit frisch gebackenem Brot, kaltem Braten, Käse, Seafood und turmhohen Salaten aus frischem Gemüse – die perfekte Kost, um die Gluthitze des Sommers am Mittelmeer zu überstehen.

Von da an war es um mich geschehen. Ich war süchtig nach gutem Essen und köstlichen, farbenfrohen Salaten. Schließlich hatte ich verstanden, dass eine gesunde, ausgewogene Küche durchaus sehr gut schmecken kann! Das Geheimnis eines guten Salates ist ganz einfach: Mut zum Experiment, hervorragende regionale Zutaten und frisches Gemüse. Probieren Sie's aus!

LINSEY

Wassermelone mit Schafskäse und Minze

Hier eine sommerliche Interpretation des klassischen griechischen Salates. Wir servieren ihn gern als Beilage zu gegrilltem Lamm. Ebenso gut schmeckt er zu einem einfachen Hähnchengericht.

FÜR 6–8 PERSONEN

½ kleine Wassermelone
½ Salatgurke
200 g Schafskäse
3 Zweige Minze
100 g entsteinte schwarze Oliven
1 Rezeptmenge Orangen-Olivenöl-Dressing (Seite 104)

Die Wassermelone in Spalten schneiden. Die Schale und die Kerne entfernen und das Fruchtfleisch in etwa 2,5 cm große Stücke schneiden.

Die Gurke schälen oder gut waschen, halbieren und mit einem Löffel entkernen. Das Fruchtfleisch in etwa 1 cm große Würfel schneiden.

Den Schafskäse in etwa 1 cm große Würfel schneiden.

Die Minze waschen und trockenschütteln. Die Blätter abzupfen.

Wassermelone, Gurke, Schafskäse und Minze zusammen mit den schwarzen Oliven in eine große Schüssel geben, mit reichlich Dressing übergießen, behutsam mischen und servieren.

Kürbissalat mit Graupen und Blaubeeren

Ich bin im Allgemeinen ein großer Fan von regionalen Produkten und versuche sie so oft wie möglich in unserer Küche einzusetzen. Während sie im traditionellen Scotch broth (Schottische Graupensuppe) jeder kennt, habe ich die Perlgraupen hier in einem farbenfrohen sommerlichen Salat einer zeitgemäßen Verwendung zugeführt. Jenseits des Suppentopfs sorgen die Graupen für einen angenehm kernigen Biss und liefern den perfekten Hintergrund für die kecken kleinen Blaubeeren und den Butternusskürbis. LINSEY

FÜR 6–8 PERSONEN

1 mittelgroßer Butternusskürbis
100 g Blaubeeren
400 g Perlgraupen
2 EL Olivenöl
Salz und frisch gemahlener schwarzer Pfeffer
10 Broccolini (langstieliger Brokkoli mit kleinen Röschen), Stielenden gekappt
75 g Pinienkerne
1 Rezeptmenge Hausdressing (Seite 105)

Den Butternusskürbis waschen, längs vierteln, entkernen und in 1 cm dicke Spalten schneiden. Die Blaubeeren waschen und auf Küchenkrepp abtropfen lassen.

Die Perlgraupen nach Herstelleranweisung kochen, abtropfen und abkühlen lassen.

Den Ofen auf 180 °C vorheizen. Die Kürbisstücke auf einem Backblech verteilen, mit dem Öl beträufeln, salzen und pfeffern und etwa 30 Minuten im Ofen rösten, bis das Gemüse weich ist. Nach der Hälfte der Zeit durchmischen. Herausnehmen und abkühlen lassen.

Inzwischen die Broccolini 3–4 Minuten im Dampf garen oder in kochendem Salzwasser blanchieren. Abtropfen und abkühlen lassen.

Die Pinienkerne auf einem Backblech verstreuen und 2 Minuten im Ofen rösten. Herausnehmen, durchmischen und weitere 5 Minuten rösten, bis sie leicht gebräunt sind. Abkühlen lassen.

In einer großen Salatschüssel die Perlgraupen, den gerösteten Kürbis, die Broccolini, die Pinienkerne und die Blaubeeren vermengen. Das Ganze mit dem Dressing übergießen, sorgfältig durchmischen und servieren.

Sommerlicher Reissalat

Wir haben versucht, nicht zu viele Rezepte aus Mutters verbeultem und heiß geliebten Rezeptkästchen zu klauen, doch an ihrem Reissalat ging einfach nichts vorbei. Entscheidend ist, versichert sie, dass der Reis perfekt gegart wird, also exakt an die Anleitung halten! Es ist irgendwie kein Sommer in unserem Haus ohne diesen Salat.

FÜR 6 PERSONEN

1 TL Salz
300 g Basmati-Reis
130 g tiefgefrorener Mais
130 g tiefgefrorene Erbsen
3 Frühlingszwiebeln
1 rote Paprikaschote
200 g geröstete gesalzene Cashew-Kerne
150 g kleine gegarte Garnelen

FÜR DAS DRESSING

200 ml natives Olivenöl extra
25 ml weißer Balsamico-Essig
½ TL englisches Senfpulver
Salz und grob gemahlener schwarzer Pfeffer nach Geschmack

In einem großen Topf Salzwasser zum Kochen bringen. Den Reis abspülen, abtropfen lassen und im Salzwasser 20 Minuten (oder nach Herstelleranweisung) leise köcheln lassen.

Inzwischen sämtliche Zutaten für das Dressing in einer Schüssel gründlich verrühren.

Den gegarten Reis abtropfen und noch warm auf einem Backblech flach ausbreiten. Mit dem Dressing übergießen und abkühlen lassen.

Den Mais und die Erbsen in kochendem Salzwasser 5 Minuten garen, abtropfen und abkühlen lassen.

Inzwischen die Frühlingszwiebeln in feine Röllchen schneiden. Die Paprikaschote waschen, halbieren, von Strunk, Kernen und den weißen Trennhäuten befreien und das Fruchtfleisch fein würfeln.

Den Reis in einer großen Salatschüssel mit dem Gemüse, den Cashew-Kernen und den Garnelen vermengen und servieren.

Thai-Möhrensalat

Dies ist meine leichte, gesunde und etwas exotisch angehauchte Interpretation des Möhrensalats. Sechs Zutaten, ein überzeugender Genuss. **LINSEY**

FÜR 4–6 PERSONEN

50 g Sesamsamen
¾ rote Chilischote
150 ml Kokosmilch
abgeriebene Schale und Saft von 1 Bio-Limette
400 g Möhren
3 EL gehacktes Koriandergrün

Den Ofen auf 180 °C vorheizen.

Die Sesamsamen auf einem Blech verstreuen und 6–8 Minuten im Ofen rösten, bis sie goldbraun sind und ein nussiges Aroma verströmen. Abkühlen lassen.

Inzwischen die Chilischote von Samen befreien und fein würfeln. Die Kokosmilch sowie Schale und Saft der Limette zu einem Dressing verrühren.

Die Möhren schälen, raspeln und mit dem Koriandergrün und dem gerösteten Sesam vermengen. Das Dressing darübergießen, alles sorgfältig vermischen und servieren.

Couscous mit gerösteter Paprika und Sultaninen

Aromatische Gewürze, fruchtige Sultaninen und süßlich-würzige Paprika – bei diesem Gericht ist einiges los. Es ist eine großartige Beilage zu ganz schlichtem, im Ofen gebackenem und mit ein paar Kräutern und Zitronenspalten serviertem Fisch oder Hähnchen.

FÜR 6 PERSONEN

3 rote oder gelbe Paprikaschoten
2 EL Olivenöl
½ EL Meersalz, plus ½ TL für den Couscous
300 g Couscous
1 TL Madras-Currypulver
1 TL gemahlener Kreuzkümmel
75 g Sultaninen
2 EL grob gehackte glatte Petersilie

Den Ofen auf 180 °C vorheizen.

Die Paprikaschoten halbieren, von Stielansatz, Kernen und Trennwänden befreien und in breite Streifen schneiden. Das Öl und das Meersalz in die Fettpfanne des Backofens geben, die Paprikastreifen darin wenden und im heißen Ofen 20 Minuten rösten, bis das Gemüse weich ist und zu bräunen beginnt. Abkühlen lassen, das Öl wird noch benötigt.

Inzwischen den Couscous in eine tiefe hitzebeständige Schüssel geben. Das restliche Salz, das Currypulver, den Kreuzkümmel und die Sultaninen untermengen und alles mit der doppelten Volumenmenge kochendem Wasser übergießen. Umrühren. Die Schüssel mit Frischhaltefolie zudecken und den Couscous 10 Minuten quellen lassen.

Den Couscous mit einer Gabel auflockern. Die gerösteten Paprikastreifen untermengen. Das Ganze mit dem Paprikaöl beträufeln, mit der gehackten Petersilie bestreuen und servieren.

Feiner Kartoffelsalat

Dieses Rezept ist ideal, um Reste von gekochten Kartoffeln zu verwerten, wobei in unserem Hause natürlich nie Reste anfallen. Also sagen wir besser, es ist eine fabelhafte Möglichkeit, den Speck vom letzten Sonntagsfrühstück und die Kartoffeln vom Sonntagsbraten zu recyceln. Um auf Nummer sicher zu gehen, packen Sie beim nächsten Wocheneinkauf einfach einen Extrabeutel neue Kartoffeln in den Wagen. LINSEY

FÜR 6 PERSONEN

750 g kleine neue Kartoffeln (oder gegarte und abgekühlte Kartoffeln)
1 TL Salz
4 Scheiben durchwachsener Räucherspeck
20 Cornichons
2 Schalotten
200 g Crème légère
frisch gemahlener schwarzer Pfeffer

Den Ofen auf 180 °C vorheizen. Bei Verwendung frischer Kartoffeln in einem großen Topf Wasser mit etwas Salz zum Kochen bringen. Die Kartoffeln schälen, in das kochende Wasser geben und bei schwacher Hitze in etwa 15 Minuten knapp gar kochen. Die Kartoffeln abtropfen und abkühlen lassen.

Die Speckstreifen nebeneinander auf ein Backblech legen und für 15 Minuten in den Ofen schieben, bis sie knusprig sind. Herausnehmen und auf Küchenpapier abtropfen und abkühlen lassen.

Inzwischen die Cornichons in dünne Scheiben schneiden. Die Schalotten schälen und fein würfeln.

Den knusprigen Speck in dünne Streifen schneiden (macht nichts, wenn er dabei ein wenig zerkrümelt). Die abgekühlten Kartoffeln, den Speck, die Cornichons, die Schalotten und die Crème légère in eine große Schüssel geben, sorgfältig vermengen und nach Belieben mit Salz und schwarzem Pfeffer abschmecken.

Salat von gebratenen Süßkartoffeln

Mich fasziniert, welche geschmackliche Verwandlung Süßkartoffeln beim Braten erleben. Ein paar Tropfen besten Olivenöls und ein wenig Würze sind alles, was sie dazu brauchen. Die Körner sorgen in diesem fröhlichen Salat für kernigen Biss. LINSEY

FÜR 4 PERSONEN

4 Süßkartoffeln
2 EL natives Olivenöl extra
2 TL Meersalz
150 g fettarmer Joghurt
2 EL grob gehackte Minze
2 EL grob gehackte glatte Petersilie
1 kräftige Prise grob gemahlener schwarzer Pfeffer
3 EL Kürbiskerne
1 EL Sonnenblumenkerne

Den Backofen auf 180 °C vorheizen. Die Süßkartoffeln waschen, schälen und in dicke Spalten schneiden. Das Olivenöl in die Fettpfanne des Backofens geben und die Süßkartoffelscheiben darin wenden. Das Ganze mit dem Meersalz bestreuen und im heißen Ofen 30 Minuten rösten. Nach der Hälfte der Garzeit wenden, damit sie gleichmäßig braten.

Inzwischen den Joghurt in einer Schüssel mit den Kräutern und dem Pfeffer verrühren.

Die Kartoffelspalten aus dem Ofen nehmen und auskühlen lassen. Auf vier Tellern anrichten, mit dem Kräuterjoghurt überziehen und mit den Kürbis- und Sonnenblumenkernen bestreuen.

Rote-Bete-Salat

Wenn man die Roten Bete zuvor kocht, lassen sie sich viel leichter schälen. Das Aroma der im Ofen gerösteten Roten Bete sollte nicht durch zu viele andere Zutaten unnötig überlagert werden, darum ist dieser Salat ganz einfach gehalten und hat dennoch das Zeug zum Publikumshit. **LINSEY**

FÜR 6 PERSONEN

6 große rohe Rote Bete (ca. 450 g)
etwas Salz
2 EL natives Olivenöl extra
2 TL Fenchelsamen
5 EL dicker griechischer Joghurt
abgeriebene Schale von 1 Bio-Orange
2 EL grob gehackter Estragon

Die Roten Bete waschen. In einem großen Topf reichlich Salzwasser zum Kochen bringen, die Roten Bete hineingeben und bei schwacher Hitze etwa 30 Minuten köcheln lassen. Zur Garprobe mit einem Messer einstechen. Sobald die Roten Bete weich sind, abgießen, abtropfen und etwas abkühlen lassen.

Den Backofen auf 180 °C vorheizen. Die Schalen der Roten Bete mit den Fingern abziehen – sie sollten sich mühelos abstreifen lassen. Mit Küchenhandschuhen arbeiten, um die Rotfärbung der Hände zu vermeiden. Die geschälten Roten Bete unter fließendem kaltem Wasser abspülen und in 1 cm dicke Scheiben schneiden.

Die Rote-Bete-Scheiben auf ein Backblech legen, mit dem Olivenöl beträufeln und mit den Fenchelsamen bestreuen. Im Ofen 30 Minuten rösten und nach der Hälfte der Zeit wenden, damit sie gleichmäßig garen.

Die Rote Bete aus dem Ofen nehmen – sie sollten jetzt noch leuchtender in der Farbe sein und langsam anfangen, knusprig zu werden – vollständig abkühlen lassen und in eine Salatschüssel geben. Den Joghurt, die Orangenschale und den Estragon hinzufügen, alles behutsam vermengen und mit Salz abschmecken.

Welcome to
Three sisters
Bake

Suppen

Unsere Oma ist die beste Suppenköchin. Sie zaubert noch aus dem kläglichsten Rest Gemüse, den man ihr in die Hand drückt, ein leckeres Süppchen. Als wir klein waren, beobachteten wir sie in ihrer Küche, während sie den täglichen Kessel Linsensuppe für die Kunden ihres Süßwarenladens und Zeitungskiosks zubereitete.

Ihre beliebtesten Suppen waren Scotch broth (Schottische Graupensuppe), Linsensuppe und Lauch-Kartoffel-Suppe, und, um ehrlich zu sein, das sind genau die Suppen, die Jahre später auch in unserem Café bei den Gästen am besten ankommen. Viele unserer Rezepte sind von diesen schottischen Klassikern inspiriert, wenngleich wir gewöhnlich versuchen, ihnen eine eigene *Three-Sisters-Bake*-Handschrift zu geben.

Ein Teller Suppe mit einer Scheibe selbst gebackenem Brot gehört zu den elementaren Freuden des Lebens. Suppen kann man einfrieren, als schnelle Mahlzeit aufwärmen und aus der Thermoskanne auf dem Zeltplatz schlürfen oder mit Freunden als Auftakt zu einer Dinnerparty genießen. Kaum ein Gericht ist so vielseitig!

Einer unserer Grundsätze ist, eine farbenfrohe, schmackhafte und gesunde Küche aus möglichst vielen frischen Zutaten regionaler Herkunft zu bieten. Suppen sind perfekte Gerichte, um all diese Anforderungen umzusetzen, und sie lassen dabei unseren Köchen allen kreativen Freiraum, um Gerichte zuzubereiten, die vor gutem und gesundem Gemüse nur so strotzen, nicht aber vor Kalorien. Die einzige Dekadenz, die wir uns in diesem Kapitel erlaubt haben, sind die Gruyère-Toasts zur Französischen Zwiebelsuppe (Seite 76) – sie sind einfach zu gut, um darauf zu verzichten.

GILLIAN

Tomatensuppe mit Rucola und Schafskäse

Dies ist für mich die beste Suppe der Welt! Ich habe sie zum ersten Mal mit Ziegenkäse in Dublin in einem netten Suppenlokal gegessen. Jeder andere krümelige Käse macht sich bei dieser einfachen Tomatensuppe ebenso gut und sorgt für Geschmack und Substanz. **GILLIAN**

FÜR 8 PERSONEN

1,5 kg reife Rispentomaten
3 rote Zwiebeln
2 EL natives Olivenöl extra
2 Zweige Thymian, abgezupft
2 große Kartoffeln (fest- oder mehligkochend)
2 Dosen (je 400 g) Kirschtomaten
150 g Schafskäse
75 g Rucola
3 EL Balsamico-Essig
3 EL brauner Rohrzucker
Salz und frisch gemahlener schwarzer Pfeffer nach Geschmack

Den Ofen auf 180 °C vorheizen. Die Tomaten waschen und vierteln, Den Stielansatz ausschneiden. Die Zwiebeln schälen und vierteln. Tomaten und Zwiebeln in einem tiefen Backblech verteilen, mit dem Olivenöl beträufeln, mit dem Thymian bestreuen und 35 Minuten im Ofen schmoren. Dabei das Gemüse etwa alle 10 Minuten wenden. Die Zwiebeln sollten am Ende appetitlich braun und weich, die Haut der Tomaten verschrumpelt sein.

Inzwischen die Kartoffeln unter fließendem Wasser abbürsten und in grobe Stücke schneiden.

Am Ende der Backzeit das Backblech aus dem Ofen nehmen und das Gemüse in einen großen Topf mit dickem Boden geben. Die Kartoffeln und die Dosentomaten zugeben, eine Dose mit Wasser füllen und ebenfalls zugießen. Die Suppe bei starker Hitze zum Kochen bringen und dann offen auf kleiner Flamme etwa 20 Minuten köcheln lassen, bis die Kartoffeln gar sind.

Inzwischen den Schafskäse zerkrümeln. Die Rucolablätter waschen und trockenschütteln.

Den zerkrümelten Schafskäse sowie Rucola, Balsamico und Zucker unter die Suppe rühren, diese mit Salz und Pfeffer abschmecken und etwas abkühlen lassen.

Die Suppe mit dem Stabmixer sorgfältig pürieren, bis sie glatt ist. Nach Belieben mit weiterem Salz abschmecken.

Linsen-Aprikosen-Suppe

Ich habe einmal in einem gut besuchten Lunch-Café in Glasgow gearbeitet. Egal was für originelle Suppen ich mir einfallen ließ, bei den Gästen kam Linsensuppe immer an erster Stelle. Also entschloss ich mich, mit verschiedenen Varianten von Linsensuppe zu experimentieren, so konnte ich kreativ sein, ohne die Gäste um ihren altbewährten Klassiker zu bringen. Linsensuppe mit Aprikosen landete auf Platz eins. LINSEY

FÜR 6 PERSONEN

1 weiße Zwiebel
2 große Kartoffeln
4 Möhren
2 Stangen Sellerie
1 große Stange Lauch
1 TL Olivenöl
25 g Butter
200 g rote Linsen
200 g frische Aprikosen
1 EL Instant-Gemüsebrühe
Salz und frisch gemahlener schwarzer Pfeffer nach Geschmack
2 TL fein gehackte glatte Petersilie zum Servieren

Die Zwiebel schälen. Die Kartoffeln unter fließendem Wasser abbürsten. Möhren, Sellerie und Lauch putzen. Das Gemüse in grobe Stücke schneiden.

Das Öl und die Butter in einem hohen Topf mit dickem Boden auf mittlerer Stufe erhitzen. Das gesamte Gemüse hineingeben und unter häufigem Umrühren etwa 10 Minuten behutsam anschwitzen, bis es weich ist.

Inzwischen die Linsen in einem Sieb unter fließendem Wasser abbrausen, die Aprikosen entsteinen und grob würfeln. Beides zum Gemüse geben, das Ganze mit Wasser bedecken und rasch zum Kochen bringen.

Sobald das Wasser kocht, die Instant-Brühe einstreuen und sorgfältig unterrühren. Die Suppe bei schwacher Hitze offen 25 Minuten köcheln lassen. Bei Bedarf noch etwas Wasser angießen. Das Gemüse sollte eben bedeckt sein.

Wenn die Linsen ganz weich sind, die Suppe von der Kochstelle nehmen, etwas abkühlen lassen und mit dem Stabmixer pürieren, bis sie ganz glatt ist. Nach Belieben mit Salz und Pfeffer abschmecken. Zuletzt die gehackte Petersilie unterrühren.

Lauch-Kartoffel-Suppe mit Vanille

Während ich im Sommer am liebsten superfrische, leichte und gesunde Gerichte esse, verlangt es mich, sobald die dunkle Jahreszeit beginnt, nach sättigender, herzhafter Kost. Diese Suppe aus entrahmter Milch ist gesunde Schonkost, getarnt als Leib- und Seelenwärmer. Sie verströmt eine wohlige Behaglichkeit ohne den üblichen deftigen Kalorienaufschlag. Die Vanille unterstreicht das süßliche Aroma des Lauchs und verleiht diesem alten Klassiker einen modernen Anstrich. LINSEY

FÜR 6–8 PERSONEN

550 g Lauch
400 g mittelgroße mehligkochende Kartoffeln
250 g Zwiebeln
1 Knoblauchzehe
1 l entrahmte Milch
30 ml Vanillearoma
25 g Salz
frisch gemahlener schwarzer Pfeffer nach Geschmack

Den Lauch putzen, waschen und in Scheiben schneiden. Die Kartoffeln unter fließendem Wasser abbürsten und grob würfeln. Die Zwiebeln schälen und grob hacken.

Den Lauch, die Kartoffeln und die Zwiebeln in einen großen Topf mit dickem Boden geben und den Knoblauch dazupressen. Die Milch und 1 Liter Wasser zugießen, alles bei starker Hitze zum Kochen bringen und dann bei schwacher Hitze offen etwa 20 Minuten köcheln lassen, bis das gesamte Gemüse weich ist.

Die Suppe von der Kochstelle nehmen, ein wenig abkühlen lassen und mit dem Stabmixer pürieren, bis sie glatt ist. Das Vanillearoma unterrühren, noch einmal abschmecken und servieren.

Süßkartoffel-Kokos-Suppe mit Limette

Dies ist unser absoluter Topseller unter den Suppen im Café, und wir sind mächtig stolz auf Linsey, die sie erfunden hat. Es ist die Art von Suppe, die bei jedem Wetter schmeckt. An einem trüben Tag muntert sie auf, und nach einem turbulenten Wochenende verschafft sie Linderung – wir könnten uns reinsetzen. NICHOLA

FÜR 6 PERSONEN

4 mittelgroße Süßkartoffeln
1–2 weiße Zwiebeln
4 Möhren
2 Dosen (je 400 g) fettreduzierte Kokosmilch
abgeriebene Schale von 2 Bio-Limetten
Salz und frisch gemahlener schwarzer Pfeffer
2 EL grob gehacktes Koriandergrün zum Servieren

Die Süßkartoffeln und die Zwiebeln schälen, die Möhren putzen und waschen. Das Gemüse in 2–3 cm große Würfel schneiden, in einen Suppentopf geben und nicht ganz mit kaltem Wasser bedecken. Alles bei starker Hitze zum Kochen bringen und dann offen bei schwacher Hitze etwa 20 Minuten köcheln lassen, bis das Gemüse gar ist.

Die Kokosmilch und die Limettenschale unter die Suppe rühren und diese weitere 5 Minuten köcheln lassen.

Die Suppe von der Kochstelle nehmen, ein wenig abkühlen lassen und anschließend mit dem Stabmixer pürieren, bis sie glatt ist. Mit Salz und Pfeffer abschmecken und zuletzt das Koriandergrün unterrühren.

Champignonsuppe mit Zitrone und Basilikum

Wer sich nichts aus Champignons macht, sollte unbedingt einmal diese Suppe probieren. Die Zitrone und das Basilikum ergänzen sich, als wären sie füreinander geschaffen, und verwandeln ein vermeintlich fades Gemüse (nicht meine Meinung, nie würde ich ein schlechtes Wort über den guten alten Champignon verlieren) in einen erdigen, vollmundigen Genuss. Das Ergebnis ist ein sommerliches und doch sättigendes Süppchen. LINSEY

FÜR 6 PERSONEN

2 weiße Zwiebeln
2 große Kartoffeln, fest- oder mehligkochend
2 Stangen Sellerie
2 l entrahmte Milch
750 g Champignons (am besten ein Mix aus braunen und weißen Champignons)
abgeriebene Schale von 1½ Bio-Zitronen
50 g Basilikum
2 EL Crème fraîche
Salz und frisch gemahlener schwarzer Pfeffer

Die Zwiebeln schälen, die Kartoffeln unter fließendem Wasser abbürsten, den Sellerie putzen und waschen. Das Gemüse in 2–3 cm große Würfel schneiden. Zusammen mit der Milch in einen Suppentopf geben. Das Ganze bei starker Hitze unter häufigem Umrühren aufkochen und offen etwa 20 Minuten leise köcheln lassen.

Inzwischen die Champignons putzen und halbieren. Die Champignons und die Zitronenschale zur Suppe geben und so viel Wassser angießen, dass das Gemüse fast bedeckt ist.

Die Suppe weitere 5 Minuten garen, dann von der Kochstelle nehmen, etwas abkühlen lassen und mit dem Stabmixer pürieren, bis sie glatt ist.

Das Basilikum samt Stielen grob hacken und zusammen mit der Crème fraîche unter die Suppe rühren, diese mit Salz und Pfeffer abschmecken und vor dem Servieren noch einmal kurz erhitzen.

Kartoffelsuppe mit knusprigem Speck

Suppen sind wie geschaffen, um diesen oder jenen Rest oder vergessenes Gemüse zu verwerten. Auf diese Weise fügen sich heimatlose Überbleibsel zu einer glücklichen Verbindung und zu einer dampfenden Schüssel wohliger Behaglichkeit. Dabei begann alles mit einer gedankenlosen Köchin, die ihre im Ofen vor sich hinschmurgelnden Kartoffeln vergessen hatte. **LINSEY**

FÜR 6 PERSONEN

4 große Backkartoffeln
2 mittelgroße weiße Zwiebeln
1 EL Olivenöl
etwas Meersalz
5 Scheiben ungeräucherter Rückenspeck
20 g Butter
2 kleine Knoblauchzehen
2 l entrahmte Milch
½ Bund glatte Petersilie
frisch gemahlener schwarzer Pfeffer

Den Ofen auf 200 °C vorheizen. Die Kartoffeln unter fließendem Wasser abbürsten, die Zwiebeln schälen und würfeln.

Die Kartoffeln mit dem Öl einreiben, üppig mit Meersalz bestreuen und etwa 1 Stunde im Ofen backen, bis ihre Schale knusprig und kräftig gebräunt ist. Sie werden länger gegart, als sie eigentlich benötigen, doch genau darauf kommt es an, damit sie ein kräftiges Röstaroma entwickeln. Etwa 20 Minuten vor dem Ende der Backzeit die Speckscheiben auf das Blech legen und im Ofen knusprig braten. Kartoffeln und Speck herausnehmen und abkühlen lassen.

Die Butter in einem großen Topf bei mittlerer Hitze zerlassen und die Zwiebeln darin etwa 10 Minuten anschwitzen, bis sie eben Farbe zu nehmen beginnen. Den Knoblauch dazupressen und die Milch angießen, alles knapp mit Wasser bedecken, aufkochen und offen 15 Minuten köcheln lassen.

Inzwischen die Kartoffeln halbieren und das Fruchtfleisch möglichst vollständig aus der Schale schaben. Die Schalen wegwerfen. Das Kartoffelfleisch in die Suppe geben und alles weitere 5 Minuten garen.

Den Speck in feine Streifen schneiden – er darf dabei ruhig ein wenig zerkrümeln. Die Petersilie waschen, trockenschütteln und grob hacken.

Die Suppe von der Kochstelle nehmen, etwas abkühlen lassen und mit dem Stabmixer pürieren, bis sie glatt ist. Den Speck unterrühren und das Ganze nach Belieben mit Salz und schwarzem Pfeffer abschmecken. Die Petersilie unterrühren und servieren.

Pastinaken-Apfel-Suppe mit Minze

Dies ist eine wunderbar leichte Suppe, ideal als Vorspeise oder – noch besser – als Lunch an einem sonnigen Tag. Äpfel in der Suppe veranlassen unsere zaghafteren Gäste gelegentlich, eine Augenbraue hochzuziehen, doch nach dem ersten Löffel sind sie überzeugt. NICHOLA

FÜR 8 PERSONEN

6 mittelgroße Pastinaken
2 EL Ahorn- oder Agavensirup
2 EL Olivenöl
2 weiße Zwiebeln
2 große mehligkochende Kartoffeln
1 mittelgroße Stange Lauch
2 l entrahmte Milch
6 Granny-Smith-Äpfel
1 TL Instant-Gemüsebrühe
Salz und grob gemahlener schwarzer Pfeffer
2½ EL fein gehackte Minze zum Servieren

Den Ofen auf 160 °C vorheizen. Die Pastinaken unter fließendem Wasser bürsten und in 1 cm große Stücke schneiden. Die Pastinakenstücke in der Fettpfanne verteilen, mit dem Sirup und dem Olivenöl beträufeln und rundherum in der Mischung wenden. Das Gemüse im heißen Ofen 25 Minuten backen; alle 5 Minuten die Fettpfanne rütteln, damit der Sirup nicht verbrennt.

Inzwischen die Zwiebeln schälen, die Kartoffeln unter fließendem Wasser bürsten und beides in etwa 2 cm große Stücke schneiden. Den Lauch putzen und waschen und in dicke Scheiben schneiden. Zwiebeln, Lauch und Kartoffeln in einen Suppentopf geben und mit der Milch bedecken. Bei starker Hitze unter Rühren aufkochen und dann offen 20 Minuten köcheln lassen. Dabei immer wieder umrühren.

Inzwischen die Äpfel schälen, entkernen und grob in Stücke schneiden. Die karamellisierten Pastinaken, die Äpfel und die Instant-Brühe zu dem anderen Gemüse in den Topf geben, alles mit Wasser bedecken und weitere 10 Minuten garen.

Die Suppe ein wenig abkühlen lassen und mit dem Stabmixer pürieren. Mit Salz und Pfeffer abschmecken, die gehackte Minze unterrühren und servieren.

Marokkanische Auberginensuppe

Diese Suppe ist genau das Richtige für ein Lagerfeuer an einem nasskalten Herbstabend. Edelsüßer geräucherter Paprika und das rauchig-röstige Aroma der Auberginen verbinden sich zu einer wohltuenden leckeren Suppe, die bis in die Zehenspitzen wärmt. **GILLIAN**

FÜR 6 PERSONEN

6 mittelgroße Auberginen
2 rote Zwiebeln
2 Kartoffeln
4 Möhren
2 kg Rispentomaten
2 Dosen (je 400 g) gehackte Tomaten
2 TL geräucherter Paprika edelsüß
1 TL gemahlener Kreuzkümmel
1 TL gemahlener Koriander
½ TL mildes Currypulver
2 TL Salz

Den Ofen auf 200 °C vorheizen. Die Auberginen waschen, abtrocknen, unzerteilt auf ein Backblech legen und 45 Minuten im heißen Ofen backen. Dabei alle 15 Minuten umdrehen. Sie sollen rundherum kräftig bräunen, damit sie ein intensives Röstaroma entwickeln.

Inzwischen die Zwiebeln schälen und die Kartoffeln sowie die Möhren unter fließendem Wasser abbürsten. Zwiebeln und Kartoffeln in 2 cm große Stücke, die Möhren in Scheiben schneiden. Die Tomaten waschen, von Stielansätzen befreien und vierteln. Das Gemüse in einen Suppentopf mit dickem Boden geben. Die Dosentomaten und die Gewürze (außer Salz) hinzufügen, eine Dose mit Wasser füllen und ebenfalls zugießen. Das Ganze aufkochen und dann bei schwacher Hitze offen 25 Minuten köcheln lassen.

Die Auberginen aus dem Ofen nehmen und abkühlen lassen, bis man sie anfassen kann. Von den Stielansätzen befreien, längs halbieren und das Fruchtfleisch direkt in die Suppe löffeln; auch etwaigen Saft mit hineingeben. Es schadet nicht, wenn ein paar geschwärzte Schalenreste dabei sind, sie sorgen für eine extrarauchige Note.

Die Suppe weitere 5 Minuten garen, etwas abkühlen lassen und mit dem Stabmixer vollständig pürieren. Mit dem Salz abschmecken und servieren.

2 lbs. Minced Beef
2 eggs + milk
12 Crackers
Celery salt

Französische Zwiebelsuppe mit Mini-Gruyère-Toasts

Nachdem ich diese Suppe jahrelang in den französischen Alpen genossen hatte, brachte mir ein französischer Koch an der Edinburgh School of Food and Wine *bei, wie man sie zubereitet. Als ich sah, wie er zwei Gläser Wein und zwei Schuss Weinbrand in den Topf kippte, wurde mir klar, warum das Skilaufen am Nachmittag irgendwie immer viel beschwingter war.* LINSEY

FÜR 4 PERSONEN

6 weiße Zwiebeln
4 Knoblauchzehen
25 g Butter
350 ml Rotwein
850 ml heißer Rinderfond (frisch zubereitet oder ein gutes Fertigprodukt)
30 ml Weinbrand
5 EL Balsamico-Essig
Salz und frisch gemahlener schwarzer Pfeffer nach Geschmack

FÜR DIE MINI-GRUYÈRE-TOASTS
2 Scheiben Weißbrot
20 g Butter
50 g Gruyère (Greyerzer), in dicke Scheiben geschnitten
4 Cocktail- oder kleine Holzspieße zum Servieren

Die Zwiebeln und die Knoblauchzehen schälen und mit dem Gemüsehobel in sehr feine Scheiben schneiden. Die Butter in einem großen Topf mit dickem Boden bei mittlerer Hitze aufschäumen. Die Zwiebeln hineingeben und mindestens 20 Minuten unter regelmäßigem Rühren anbraten. Sie sollen bräunen, aber nicht verbrennen. Den Knoblauch hinzufügen und alles weitere 3 Minuten unter Rühren garen.

Wein, heißen Fond, Weinbrand und Essig zugießen und alles offen 15 Minuten köcheln lassen.

Inzwischen das Weißbrot einseitig mit der Hälfte der Butter bestreichen. Eine Scheibe von der nicht gebutterten Seite mit dem Gruyère belegen und mit der zweiten Scheibe, ebenfalls mit der nicht gebutterten Seite, zudecken, sodass ein von außen gebuttertes Sandwich entsteht.

In einer Pfanne die restliche Butter bei mittlerer bis starker Hitze zerlassen, das Gruyère-Sandwich von einer Seite in etwa 5 Minuten goldbraun braten, wenden und von der anderen Seite fertigstellen. Falls der Käse noch nicht geschmolzen ist, die Hitze etwas reduzieren und das Sandwich weiter braten, bis Käse an der Seite austritt. Bei Bedarf noch etwas Butter zugeben.

Die Käse-Toasts vierteln und auf kleine Spieße stecken. Die Zwiebelsuppe mit Salz und Pfeffer abschmecken und in Schalen oder Tassen schöpfen. Die Toast-Spieße darüberlegen und servieren.

Lunch

Würde man uns drei nach unseren Lieblingsorten fragen, so käme an eine der ersten Stellen sicher Arran. Arran ist eine Insel vor der Westküste Schottlands, auf der wir als Kinder viele glückliche Sommertage verbrachten. Wegen ihrer atemberaubenden Landschaft mit Bergen, Tälern und Stränden wird sie oft als »Miniaturausgabe Schottlands« bezeichnet.

Der Spaß unserer Ferien auf Arran begann schon mit der Überfahrt auf der Fähre. Für uns war sie fast so aufregend wie die Ferien selbst. Unsere Tage verbrachten wir damit, in den Gezeitentümpeln herumzuplanschen, den Süßigkeitenladen heimzusuchen und Sandburgen zu bauen.

Die Hauptattraktion war jedoch das tägliche Ritual des Lunch-Picknicks von der Vorbereitung bis zum Verzehr. Kaum war das Frühstück beendet, begannen wir die Zutaten für das Picknick zusammenzutragen. In dem kleinen Bäckerladen kauften wir Brötchen, danach ging es zum Dorfmetzger, wo wir hausgemachtes Corned Beef bekamen, und im Milchgeschäft holten wir Käse. Die Entscheidung, welcher Käse, welche Wurst und was sonst noch auf die Brötchen sollte, zog sich derart in die Länge, dass es schon fast Mittag war, als wir endlich den Picknickkorb packten.

Gelegentlich fuhren wir mit dem Auto in ein anderes Inseldorf auf der Suche nach einem neuen schönen Fleckchen zum Picknicken, doch meistens gingen wir einfach zum Strand hinunter, um unsere liebevoll zubereiteten Sandwiches, Chips und Säfte zu genießen, bevor wir den Nachmittag am Strand und im Wasser herumtobten.

Wir fahren noch immer so oft es geht nach Arran, was sich manchmal nur schwer mit den vielfältigen Verpflichtungen als Gastronomen vereinbaren lässt. Jetzt, da Gillian und ich selbst Familie haben, werden wir die Tradition des Strandpicknicks weiterführen, sobald unsere Kleinen alt genug sind, zum Bäcker zu gehen.

NICHOLA

Quinoa-Kürbis-Küchlein

Diese Küchlein schmecken ungemein gut mit einem großen Salat, selbst gemachter Mayonnaise und ein paar Tropfen Limettensaft.

FÜR 4 PERSONEN (PRO PERSON 2 STÜCK)

200 g Quinoa
etwas Salz
1 kg Butternusskürbis
3 TL natives Olivenöl extra
1 TL getrocknete Chiliflocken
2 kleine Schalotten
1 rote Paprikaschote
20 g Butter
2 Knoblauchzehen
2 EL grob gehackter Estragon
½ TL grob gemahlener schwarzer Pfeffer
150 g gemahlene Mandeln
75 g gehobelte Mandeln
Crème fraîche oder selbst gemachte Mayonnaise (Seite 131) zum Servieren
1 Limette, in Spalten geschnitten, zum Servieren

Den Ofen auf 190 °C vorheizen. In einem mittelgroßen Topf 400 ml leicht gesalzenes Wasser zum Kochen bringen. Die Quinoa in ein Sieb geben und unter fließendem Wasser spülen, ins kochende Salzwasser geben und bei schwacher Hitze 15–20 Minuten köcheln lassen, bis sie das Wasser aufgenommen hat und weich ist, aber noch etwas Biss hat. Abkühlen lassen.

Den Butternusskürbis schälen, halbieren, entkernen und in 5 cm große Würfel schneiden. Den Kürbis auf ein Backblech geben, mit 2 Teelöffeln Öl beträufeln, mit den Chiliflocken bestreuen und 30 Minuten im Ofen rösten, bis das Gemüse weich ist. Nach der Hälfte der Zeit umrühren.

Inzwischen die Schalotten schälen und in feine Würfel schneiden. Die Paprikaschote halbieren, Stiel und Kerne entfernen und das Fruchtfleisch in kleine Würfel schneiden. Die Hälfte der Butter in einer Pfanne bei mittlerer Hitze zerlassen und die Schalotten darin goldgelb anschwitzen. Die Paprika dazugeben und in weiteren 5 Minuten weichschwitzen. Den Knoblauch dazupressen, 1 weitere Minute anschwitzen, von der Kochstelle nehmen und abkühlen lassen.

Den Kürbis aus dem Ofen nehmen, noch heiß zerstampfen und die Masse ebenfalls abkühlen lassen.

In einer großen Schüssel die gegarte Quinoa mit dem Kürbismus, der Gemüsemischung, dem Estragon, 1 Teelöffel Salz, dem Pfeffer und den gemahlenen Mandeln vermengen. Die Masse zu 8 runden, flachen Küchlein formen.

Die Mandelblättchen auf einer sauberen Unterlage verstreuen und die Quinoa-Küchlein mit dem Rand rundherum darin wenden, sodass sie haften bleiben.

In einer großen Pfanne mit dickem Boden das restliche Öl und die restliche Butter erhitzen. Jeweils vier Küchlein einlegen und von jeder Seite bei mittlerer Hitze in 4–5 Minuten goldbraun braten. Auch auf den Rand stellen und in der Pfanne hin- und herrollen, damit auch die Mandeln ein wenig Farbe annehmen.

Die Küchlein mit einem Klecks Crème fraîche oder Mayonnaise und einer Limettenspalte servieren.

NUMOL
BODY BUILDER

Rote-Bete-Quiche

Es gibt Gelegenheiten, da greift man gern auf Fertigteig zurück. Für diese Quiche jedoch lohnt es wirklich, ihn selbst zu machen. 20 Minuten Arbeit werden mit einem buttrigen Teigboden belohnt, der auf der Zunge zergeht und sich mit allem füllen lässt, was das Herz begehrt.

FÜR 8 PERSONEN

FÜR DEN TEIG
250 g Mehl, plus Mehl zum Kneten und Ausrollen
1 Prise Salz
150 g kalte Butter, gewürfelt
1 großes Ei, verschlagen
Linsen zum Blindbacken

FÜR DIE FÜLLUNG
40 g Rucola
15 TL Rote-Bete-Walnuss-Pâté (Seite 96)
8 große Eier
400 ml Sahne (oder Crème double)
Salz und frisch gemahlener schwarzer Pfeffer

Für den Teig Mehl, Salz und Butter in der Küchenmaschine kurz kneten, bis die Mischung an grobe Semmelbrösel erinnert. Das Ei hineinschlagen und alles erneut kneten, bis sich die Zutaten grob verbunden haben.

Den Teig auf der leicht bemehlten Arbeitsfläche kurz durchkneten, zu einem Kloß formen, leicht abflachen und in Frischhaltefolie gewickelt 30 Minuten kalt stellen. Der Teig hält sich in diesem Zustand im Kühlschrank bis zu 3 Tage.

Den Teig 20 Minuten auf Zimmertemperatur erwärmen lassen und den Backofen auf 180 °C vorheizen. Den Teig auf einer leicht bemehlten Arbeitsfläche auf etwa 3 mm Dicke und 30 cm Durchmesser ausrollen. Eine runde Backform von 25 cm Durchmesser (am besten mit geriffeltem Hebeboden) buttern und mit dem Teig auslegen. Den Teig mit Backpapier bedecken und mit Backlinsen füllen. Den Teigboden 20–25 Minuten blindbacken, bis er goldbraun ist. Aus dem Ofen nehmen und Backlinsen und Papier entfernen.

Die Rucolablätter auf dem Boden verteilen und mit einem Teelöffel in regelmäßigen Abständen die Rote-Bete-Walnuss-Pâté in Klecksen darübergeben. Eier und Sahne in einer Schüssel verschlagen, mit Salz und Pfeffer würzen und vorsichtig über die Füllung in die Form gießen.

Die Quiche im heißen Ofen 25 Minuten backen, bis die Creme in der Mitte gestockt ist und auf Druck nicht mehr nachgibt.

Leicht abkühlen lassen und vor dem Servieren aus der Form lösen.

VARIATION

Nehmen Sie einige Handvoll Spinat, 75 g geröstete Pinienkerne und 12 Scheibchen Brie statt Rucola und Rote-Bete-Walnuss-Pâté als Füllung.

Schottische Haferplätzchen

Unsere Großmutter kann es noch immer nicht fassen, dass es Haferplätzchen im Supermarkt gibt. In ihrer Zeit war es gang und gäbe, Grundnahrungsmittel wie diese selbst zu machen, erst recht, wenn es Geld sparte. Bratfett von Speck oder Würsten weiter zu verwenden, ist typisch schottisch und garantiert ein würziges Aroma. Diese Haferplätzchen schmecken wunderbar mit Pâté, Hummus oder einfach mit Käse und einem Chutney.

ERGIBT 15–20 STÜCK

150 g Hafermehl, plus extra Mehl zum Kneten und Ausrollen
½ TL Backnatron
½ TL Salz
3 TL zerlassenes Fett (ausgelassener Speck oder Restfett vom Würstebraten) oder zerlassene Butter, plus Fett zum Einfetten

Den Ofen auf 180 °C vorheizen. Zwei Backbleche mit etwas Butter oder Fett einfetten.

Hafermehl, Backnatron und Salz in einer großen Schüssel vermengen. Das flüssige Fett oder die zerlassene Butter und 1 Esslöffel kochendes Wasser zugeben und alles sorgfältig zu einem Teig verrühren.

Die saubere Arbeitsfläche leicht mit Hafermehl bestauben und den Teig darauf kurz kneten, bis er weniger klebrig und etwas geschmeidiger ist. Bei Bedarf noch etwas Mehl einarbeiten.

Den Teig in zwei Hälften teilen, damit er nicht so leicht bricht, und beide Hälften nacheinander mit der Hand oder mit einem Nudelholz flach ausbreiten. Dabei immer wieder umdrehen, damit er nicht festklebt. Die Teigfladen ½ cm dünn ausrollen und mit einem Ausstecher oder einem scharfen Messer Kreise, Quadrate oder Dreiecke ausschneiden.

Die Haferplätzchen auf ein eingefettetes Blech legen und im heißen Ofen 30–35 Minuten backen, bis sie am Rand appetitlich braun sind. Auf einem Kuchengitter abkühlen lassen.

Süßkartoffel-Fischfrikadellen

Die Verwendung von Süßkartoffeln und Polenta statt Kartoffeln macht diese Fischfrikadellen zu einer leichteren Mahlzeit, ideal zum Mittagessen. LINSEY

FÜR 4 PERSONEN (PRO PERSON 2 STÜCK)

2 mittelgroße Süßkartoffeln
450 g Lachsfilets ohne Haut
4 TL Olivenöl
1 TL gemahlener Kreuzkümmel
2 TL Meersalz
3 Frühlingszwiebeln
2 cm frischer Ingwer
2 Knoblauchzehen
15 g Butter
abgeriebene Schale von 2 Bio-Limetten
3 EL grob gehacktes Koriandergrün
1 großes Ei
100 g feine Polenta

Den Backofen auf 200 °C vorheizen. Die Süßkartoffeln mit einer Gabel einstechen, auf ein Blech legen und 40 Minuten im Ofen backen, bis sie sich mühelos mit einem Messer einstechen lassen. Ein wenig abkühlen lassen und die Ofentemperatur auf 170 °C reduzieren.

Die Lachsfilets in 8 Stücke schneiden und in der Fettpfanne des Backofens mit der Hälfte des Olivenöls beträufeln. Mit dem Kreuzkümmel und dem Meersalz würzen und 10 Minuten im heißen Ofen garen.

Den Lachs aus dem Ofen nehmen, in eine Schüssel geben, mit einer Gabel zerpflücken und abkühlen lassen.

Die Frühlingszwiebeln waschen und in Scheiben schneiden. Den Ingwer reiben und den Knoblauch durch die Presse drücken. Die Butter in einer Pfanne bei mittlerer Hitze zerlassen und die Frühlingszwiebeln darin unter Rühren rund 5 Minuten anschwitzen. Ingwer, Knoblauch und die Limettenschale dazugeben und alles 1 Minute weitergaren. Vom Herd nehmen und leicht abkühlen lassen.

Die Süßkartoffeln aufschneiden, das Fruchtfleisch herauslösen und in eine große Schüssel geben (Schalen wegwerfen). Den Lachs, die Frühlingszwiebelmischung und das Koriandergrün hinzufügen und alles behutsam vermengen, ohne den Lachs weiter zu zerkleinern.

Aus der Masse 8 mittelgroße Frikadellen formen. Das Ei verschlagen. Das Ei und die Polenta in zwei flache Schalen geben. Die Frikadellen in das verschlagene Ei tauchen und anschließend in der Polenta wenden.

Das restliche Öl in einer großen Pfanne auf mittlerer Stufe erhitzen und die Frikadellen darin von jeder Seite 5 Minuten goldbraun und knusprig braten – falls nötig, portionsweise vorgehen. Warm servieren.

Mit Black Pudding und Äpfeln gefüllte Teigrollen

Bei Black Pudding scheiden sich die Geister. Doch in unseren Augen ist diese schottische Delikatesse über jeden Zweifel erhaben. Sie stammt ursprünglich von der Insel Stornoway und original Stornoway Black Pudding ist und bleibt das Maß der Dinge. Er hat eine leicht pikante Note, die der fruchtigen Süße der Äpfel sehr gut bekommt. **LINSEY**

ERGIBT 6 GROSSE BLÄTTERTEIGROLLEN

2 kleine Granny-Smith-Äpfel
30 g Butter
450 g guter Black Pudding (am besten Stornoway)
400 g Blätterteig (Fertigprodukt)
Mehl zum Bestäuben
1 großes Ei
Sesamsamen zum Bestreuen (nach Belieben)

Den Ofen auf 200 °C vorheizen. Die Äpfel schälen, entkernen, vierteln und in ½ cm kleine Würfel schneiden. Den Black Pudding in 1 cm große Würfel schneiden.

Die Butter in einer Pfanne bei mittlerer Hitze zerlassen. Die Äpfel hineingeben und etwa 10 Minuten behutsam braten, bis sie goldbraun sind; dabei regelmäßig umrühren. Von der Kochstelle nehmen, in eine Schüssel geben und beiseitestellen.

Jetzt die Black-Pudding-Würfel in die Pfanne geben und bei mittlerer Hitze auf den Herd stellen (die Zugabe von Fett ist nicht nötig, die Wurst gibt genügend Fett ab). Den Black Pudding 5 Minuten braten und dabei mit einem Kochlöffel in der Pfanne sorgfältig zerdrücken; die Wurst sollte am Ende kräftig gebräunt sein. Vom Herd nehmen, ein wenig abkühlen lassen und die Äpfel unterrühren.

Den Blätterteig auf einer leicht bemehlten Arbeitsfläche entrollen. Die Wurst-Apfel-Mischung mit den Händen in der Mitte des Teiges zu einer langen Wurst aufhäufen.

Das Ei verschlagen. Den unteren langen Teigrand über die Füllung schlagen und aufrollen. Die Naht vor dem Verschließen mit verschlagenem Ei bestreichen und überschüssigen Teig abschneiden. Die gefüllte Teigrolle in 6 große Stücke schneiden, auf ein mit reichlich Mehl bestäubtes Blech legen und mit weiterem Ei einpinseln.

Die Blätterteigrollen nach Belieben mit Sesam bestreuen und 15–20 Minuten im heißen Ofen backen, bis der Teig appetitlich goldbraun und aufgegangen ist.

Tortilla mit Schellfisch, Frühlingszwiebeln und Erbsen

Eine wachsende Zahl unserer Gäste leidet unter Glutenunverträglichkeit, so entstand diese Tortilla als Alternative zur Quiche. Jede Art von Füllung ist dafür geeignet, hier sorgt geräucherter Schellfisch in Gesellschaft von feinen Frühlingszwiebeln und Kartoffeln für eine reichhaltige, sättigende Mahlzeit.

FÜR 8 PERSONEN

1 weiße Zwiebel
1 Knoblauchzehe
3 ungeschält gegarte mehligkochende Kartoffeln
300 g geräucherter Schellfisch (etwa 2 mittelgroße Filets)
3 TL Olivenöl
50 g tiefgefrorene Erbsen
20 g Dill, fein gehackt
10 große Eier
100 ml Sahne (oder Crème double)
Salz und frisch gemahlener schwarzer Pfeffer
2 Frühlingszwiebeln

Den Ofen auf 160 °C vorheizen. Die Zwiebel schälen und fein würfeln. Den Knoblauch schälen und durch die Presse drücken. Die Kartoffeln schälen und grob würfeln. Den geräucherten Schellfisch in 1 cm große Würfel schneiden.

In einer Pfanne 2 Teelöffel Öl auf mittlerer Stufe erhitzen und Zwiebeln und Knoblauch darin weich schwitzen. Kartoffeln, Schellfisch, Erbsen und Dill dazugeben, alles weitere 5 Minuten garen und gelegentlich behutsam umrühren, ohne den Fisch zu zerdrücken. Die Pfanne von der Kochstelle nehmen und die Masse abkühlen lassen. Inzwischen die Frühlingszwiebeln waschen und in feine Scheiben schneiden.

Die Eier in einer großen Schüssel mit der Sahne verschlagen und mit Salz und Pfeffer würzen. Die abgekühlte Fischmasse dazugeben und möglichst vorsichtig unterheben, sodass der Schellfisch nicht zu sehr zerkleinert wird.

Das restliche Öl in einer großen ofenfesten und beschichteten Pfanne erhitzen. Die Ei-Fisch-Masse hineingießen, mit den Frühlingszwiebeln bestreuen und 5 Minuten auf kleiner Flamme backen. Die Pfanne in den Ofen schieben und die Tortilla weitere 20 Minuten backen, bis das Ei eben gestockt ist.

Die Tortilla in der Pfanne 15 Minuten abkühlen lassen, in Stücke schneiden und warm servieren.

twinkle
twinkle

Lachssandwich mit Rote-Bete-Walnuss-Pâté

Hier ist eine neue Spielart des klassischen Lachssandwichs mit dunklem Brot. Wer keine Zeit (oder Lust!) hat, sein Brot selbst zu backen, kann natürlich zu einem guten Landbrot aus der Bäckerei greifen. Und wenn die Wahl auf ein irisches Sodabrot fällt, umso besser. Die Rote-Bete-Walnuss-Pâté verleiht dem Sandwich Raffinesse und geschmackliche Tiefe. NICHOLA

ERGIBT 6 BELEGTE BROTE

FÜR DIE ROTE-BETE-WALNUSS-PÂTÉ
6 rohe Rote Bete (etwa 450 g)
etwas Salz
200 g Walnusshälften
1 Bund Dill
400 g fettarmer Frischkäse
4 EL Balsamico-Essig
50 g Semmelbrösel

FÜR DIE SANDWICHES
6 große Scheiben irisches Sodabrot (Seite 122)
6 große Scheiben Räucherlachs
Zitronenspalten zum Servieren

Die Rote-Bete-Knollen putzen, waschen und ungeschält im Ganzen in reichlich Salzwasser etwa 1 Stunde weich kochen. Sobald man sie anfassen kann, mit den Fingerspitzen die Schale abziehen. Wer rote Finger vermeiden möchte, sollte mit Gummihandschuhen arbeiten.

Den Backofen auf 180 °C vorheizen. Die Walnusshälften auf einem Blech verteilen und 5–10 Minuten im heißen Ofen rösten, bis sie goldbraun sind und aromatisch duften.

Inzwischen den Dill waschen, trockenschütteln und fein hacken. Einige Zweige zum Garnieren zurückbehalten. Die abgekühlten Rote Bete grob würfeln und zusammen mit den Walnüssen, dem Frischkäse, dem Dill und dem Balsamico in den Mixer geben. Während des Mixens langsam die Semmelbrösel einarbeiten, bis die Pâté etwa die Konsistenz von Hummus hat.

Die Brotscheiben mit je 2 Esslöffeln Pâté bestreichen und dekorativ mit dem Lachs belegen. Mit etwas Zitronensaft beträufeln, mit einem Zweig Dill garnieren und servieren.

Fladenbrot mit Halloumi, Tapenade und Spinat

Ich liebe Käse über alles. Ich erinnere mich noch genau an den Tag, an dem ich zum ersten Mal Halloumi aß, am Spieß gegrillt von einem australischen Freund. Ich war sofort süchtig nach dieser angenehm festen, zwischen den Zähnen quietschenden Beschaffenheit. Seither haben wir mit vielen Gerichten und Sandwiches auf Halloumi-Basis experimentiert. Dies ist einer meiner Favoriten. GILLIAN

FÜR 2 PERSONEN

FÜR DIE TAPENADE

1 EL Kapern, abgespült und abgetropft
4 Sardellenfilets (wir verwenden Sardellen in Öl aus der Dose)
4 Zweige glatte Petersilie
1 Knoblauchzehe
200 g entsteinte schwarze Oliven
abgeriebene Schale und Saft von ½ Bio-Zitrone
3 EL natives Olivenöl extra
1 Prise grob gemahlener schwarzer Pfeffer

50 g junger Spinat
1 TL Olivenöl
250 g Halloumi, in 6 Scheiben geschnitten
2 Fladenbrote (Seite 118)
Zitronenspalten zum Servieren

Für die Tapenade die Kapern und die Sardellenfilets unter fließendem Wasser abspülen und abtropfen lassen. Die Petersilie waschen, trockenschütteln und fein hacken. Die Knoblauchzehe schälen. Sämtliche Zutaten für die Tapenade im Mixer 10–20 Sekunden mixen – nicht zu lange, die Tapenade sollte von körniger Konsistenz sein.

Den Spinat gründlich waschen und abtropfen lassen. Das Öl in einer beschichteten Grillpfanne stark erhitzen, den Halloumi in 6 Scheiben schneiden und die Halloumi-Scheiben darin von jeder Seite in 3 Minuten goldbraun braten.

Die Fladenbrote an einer Seite aufschneiden, sodass eine Tasche entsteht. Jeweils 2 Esslöffel Tapenade darin verstreichen, 3 gegrillte Halloumi-Scheiben und ein paar Spinatblätter hineinstecken.

Die Füllung der Sandwiches mit etwas Zitronensaft beträufeln und das Ganze sofort servieren.

Hähnchen-Mango-Salat mit Raita

Versuchen Sie, für dieses Rezept eine vollreife, süße Mango zu bekommen. Der Salat schmeckt auch hervorragend mit unserem Holunderblütendressing (Seite 105) und der Raita, getrennt dazu serviert.

FÜR 2 PERSONEN

1 große reife Mango
2 Hähnchenbrustfilets ohne Haut (insgesamt etwa 250 g), gewürfelt
100 g junge Blattsalate
2 EL Olivenöl
½ TL gemahlener Koriander
½ TL geräucherter Paprika
½ TL gemahlener Kreuzkümmel
Salz und Pfeffer aus der Mühle
2 Fladenbrote (Seite 118) zum Servieren

FÜR DIE RAITA
⅓ Salatgurke
2 EL grob gehackte frische Minze
150 g Joghurt
Salz und frisch gemahlener schwarzer Pfeffer

Die Mango schälen, den Kern entfernen und das Fruchtfleisch in mundgerechte Streifen schneiden. Die Hähnchenbrust häuten und in 1 cm große Würfel schneiden. Das Hähnchenfleisch in einer Schüssel mit dem Olivenöl, Koriander, Paprika und Kreuzkümmel vermengen und zugedeckt etwa 1 Stunde kalt stellen. Die Blattsalate waschen und trockenschütteln.

Inzwischen die Raita zubereiten. Dazu die Salatgurke waschen und in feine Würfel schneiden. Sämtliche Zutaten in einer Schüssel verrühren, mit Salz und Pfeffer abschmecken und bis zum Servieren kalt stellen.

Einen Wok oder eine Pfanne auf mittlerer Stufe erhitzen. Das marinierte Hähnchenfleisch samt Öl hineingeben und 5–10 Minuten unter Rühren braten, bis es durchgegart ist, leicht salzen und pfeffern.

Zwei flache Schalen mit den Salatblättern auslegen. Das Hähnchenfleisch, die Mangostreifen und 1 Löffel Raita darin anrichten und den Salat mit Fladenbrot servieren.

Babybrei

Ich war während der Schwangerschaft etwas in Sorge, ob es nicht in einer einzigen Katastrophe enden würde, mit einem Baby einen Gastronomiebetrieb zu führen. Doch Rosie, neun Monate nach der Eröffnung des Cafés geboren, wurde auf Anhieb Teil der Three-Sisters-Bake-Familie. Außerdem entdeckte ich, dass eine Küche voller Gemüse viele Möglichkeiten bietet, mit Babybrei zu experimentieren! GILLIAN

Süßkartoffelbrei mit Käse

Als ich begann, Rosie abzustillen, riet mir jeder zu Möhren- oder Süßkartoffelbrei, weil alle Babys darauf fliegen. Stimmt nicht! Rosie spuckte meinen gewissenhaft zubereiteten Brei postwendend wieder aus und zwang mich, auf Babynahrung aus dem Supermarkt zurückzugreifen – bis ich entdeckte, dass sie wie ihre Mama Käse liebt! Ich mischte also einfach Käse unter ihren Möhren-Süßkartoffel-Brei, und sie verspeiste ihn mit Begeisterung. GILLIAN

ERGIBT 12–14 BABYPORTIONEN

1 große Süßkartoffel
2 große Möhren
200 g Blumenkohl
100 g Cheddar

Die Süßkartoffel schälen und würfeln. Die Möhren schälen und in Scheiben schneiden. Den Blumenkohl putzen, waschen und in Stücke schneiden.

In einem großen Topf Wasser zum Kochen bringen. Die Möhren und die Süßkartoffeln hineingeben und 15 Minuten kochen. Den Blumenkohl hinzufügen und weitere 10 Minuten leise köcheln lassen, bis sämtliches Gemüse weich ist. Den Topf von der Kochstelle nehmen.

Das Kochwasser abgießen und 200 ml davon auffangen. Das Wasser wieder zu dem Gemüse geben und alles mit dem Stabmixer pürieren, bis der Brei ganz glatt ist (für 6–7 Monate alte Babys) oder von Hand zerstampfen (für etwas ältere Babys). Den Käse in den Brei reiben und unterrühren.

Der Brei kann gut auch portioniert in Gefrierbeutel gefüllt, etikettiert und bei Bedarf aufgetaut werden.

Birnen-Pastinaken-Brei

Dieser Brei entstand aus einem unserer Wintersuppenrezepte, nachdem ich vergeblich versucht hatte, meinem kleinen, wählerischen Nachwuchs Pastinaken schmackhaft zu machen. Wenn man die Birnen in etwas Saft gart, bewahren sie ihre natürliche Süße und bringen die kleine Rosie dazu, Riesenmengen an Pastinaken zu essen! **GILLIAN**

ERGIBT 12–14 BABYPORTIONEN

4 Pastinaken
4 Birnen
150 ml Birnen- oder Apfelsaft (frisch, kein Konzentrat)

Die Pastinaken und die Birnen schälen. Die Birnen entkernen und Birnen und Pastinaken in grobe Würfel schneiden.

In einem großen Topf Wasser zum Kochen bringen, die Pastinaken hineingeben und bei schwacher Hitze 25 Minuten leise köcheln lassen.

Inzwischen die Birnen in einem weiteren Topf mit dem Fruchtsaft übergießen und so viel kochendes Wasser zugießen, dass die Früchte eben bedeckt sind. Aufkochen und bei schwacher Hitze 15 Minuten köcheln lassen; ab und zu umrühren.

Die Pastinaken in ein Sieb abgießen, abtropfen lassen und zurück in den Topf geben. Die Birnen samt Wasser und Saft hinzufügen und das Ganze mit dem Stabmixer ganz fein pürieren (für 6–7 Monate alte Babys) oder von Hand zerstampfen (für ältere Babys).

Salatdressings

Man braucht keinen komplizierten Cocktail aus ungewöhnlichen Zutaten, um Salat oder Gemüse schmackhaft anzumachen. Wir halten es eher schlicht und einfach und bedienen uns einer begrenzten Auswahl an Aromen, um das Beste aus unseren Salaten herauszuholen. Es ist hingegen sinnvoll, zur Ergänzung von rohem Gemüse zu anderen natürlichen Zutaten zu greifen – wir suchen ständig nach Möglichkeiten, unsere Salate mit Früchten und wilden Kräutern zu verfeinern.

Orangen-Olivenöl-Dressing

Dieses Dressing entstand vor ein paar Jahren in der Grillsaison. Wenn es das Wetter erlaubt, den Grill abzustauben, nutzen wir jeden Moment, um mit allem Erdenklichen zu experimentieren. Orangen vom Grill verleihen diesem Dressing eine aparte rauchige Note.

ERGIBT 120 ML

1 Bio-Orange
5 EL natives Olivenöl extra
1 EL Agaven- oder Ahornsirup
1 EL weißer Balsamico-Essig
1 kleine Prise grob gemahlener schwarzer Pfeffer

Falls der Grill gerade in Betrieb ist, die Orange darauf grillen. Falls nicht, eine Grillpfanne verwenden: Die Orange quer in zwei Hälften schneiden. Das Fruchtfleisch mit etwas Öl bestreichen und mit den Schnittflächen nach unten auf den Rost oder in die Pfanne legen. Etwa 10 Minuten grillen, bis die Frucht weich zu werden beginnt und sich dunkelbraun färbt. Vom Grill bzw. aus der Pfanne nehmen und abkühlen lassen.

Sobald die Orange ausreichend abgekühlt ist, ihren Saft in eine Schüssel pressen, auch ein paar braune Stückchen Fruchtfleisch hineingeben. Die restlichen Dressingzutaten sorgfältig unterrühren.

Holunderblütendressing

Dies ist ein äußerst delikates Dressing, und da Holunderblüten so ein dezentes Aroma haben, kombiniert man es am besten mit weißfleischigem Fisch oder Hähnchen. Wir haben Hollersträuche gleich beim Café den Weg hinunter und machen im Sommer unseren eigenen Holunderessig. Man findet ihn aber auch im Feinkostladen und in manch gut sortiertem Supermarkt.

ERGIBT 100 ML

2 TL Holunderblütensirup
4 TL Holunderblütenessig
4 EL natives Olivenöl extra
1/4 TL Dijon-Senf
1 kleine Prise Salz
1 kleine Prise weißer Pfeffer

Sämtliche Zutaten in einer Schüssel gründlich verrühren.

Hausdressing

Wir machen alle Beilagensalate mit unserem hausgemachten Three-Sisters-Bake-Dressing an und werden oft nach dem Rezept gefragt. Seine leicht süßliche Note ergänzt die meisten Salate und Gemüse vortrefflich, doch verwenden wir es auch, um Fruchtzubereitungen einen würzigen Kick zu geben.

ERGIBT 350 ML

125 ml Pflanzenöl
125 ml Himbeeressig
115 g feiner Zucker
1 EL flüssiger Honig
1 Prise Salz
1 Prise grob gemahlener schwarzer Pfeffer

Sämtliche Zutaten in einer Schüssel gründlich verrühren.

Eistee

Als wir nach Quarriers Village zogen, war unsere Nachbarin Anita von Jenier Tea eine der Ersten, die vorbeischaute. Sie stellte sich als eine Teelieferantin von Weltformat heraus! Wir waren hocherfreut über solch ein Juwel auf unserer Türschwelle. Heute beziehen wir eine ganze Armada ihrer köstlichen Tees für unser Café. Bei diesem Eistee kommt die Sorte Duchess Earl Grey zum Einsatz. GILLIAN

FÜR 8 PERSONEN

8 geh. TL Earl Grey von guter Qualität
1,2 l kochendes Wasser
Saft von 2 Zitronen
8 TL feiner Zucker (oder nach Geschmack)
Eiswürfel zum Servieren
Zitronenscheiben zum Servieren

Den Tee in eine große Teekanne oder einen hitzebeständigen Krug geben, mit 1,2 Liter kochendem Wasser aufgießen und etwa 4 Minuten ziehen lassen (oder länger nach Geschmack).

Den Tee durch ein feines Sieb in einen weiteren hitzebeständigen Krug gießen; die Teerückstände wegwerfen. Den Zitronensaft dazugeben und nach und nach den Zucker einrühren. Zwischendurch immer wieder kosten und weiteren Zucker zugeben, bis Ihnen die Süße zusagt.

Den Tee abkühlen lassen und anschließend 2 Stunden kalt stellen.

Über reichlich Eis in Gläser oder Teebecher füllen und mit einer Zitronenscheibe servieren.

Brot

Bevor ich meine Leidenschaft für das Kochen entdeckte, war ich eine begeisterte Skifahrerin. Ich arbeitete zwei Winter lang in Skihütten im französischen Val d'Isère und bereitete das Frühstück und Abendessen für die Gäste zu. Den Tag verbrachte ich auf den Skipisten und versuchte, immer noch eine letzte Abfahrt einzuschieben, bevor es Zeit wurde, ins Dorf zurückzukehren.

Meine erste Aufgabe des Tages war, um 6 Uhr 30 die Baguettes und Flûtes für die Hüttengäste von der örtlichen Boulangerie abzuholen. Der köstliche Duft von frisch gebackenem Brot zog durchs ganze Dorf, doch am berauschendsten war er in der Bäckerei selbst. Fasziniert schaute ich zu, wie Croissants, Pains au Chocolat, Tartes und Brote in allen Formen und Größen Gestalt annahmen, lange bevor das Dorf erwachte.

Vor der Eröffnung des Cafés waren wir entschlossen, unser Brot selbst zu backen. Wegen der erforderlichen Geräte und Arbeitskraft tun das nur sehr wenige Cafés in Schottland, aber uns war klar, dass wir einen hohen Standard anstreben mussten, um uns abzuheben. Es kostete uns sechs Monate harte Arbeit, bis wir einen erfahrenen Bäcker gewinnen und die geeigneten Geräte auftreiben konnten, aber schließlich schafften wir es. Egal wie anstrengend der Tag zuvor war, wenn ich morgens ins Café komme und den Duft von frisch gebackener Focaccia rieche, geht es mir gut, und ich weiß wieder, warum wir ein eigenes Café eröffnet haben.

LINSEY

Focaccia mit Meersalz und Oregano

Wir lieben Focaccia, weil sie so schön einfach ist, was sich nicht von vielen Brotrezepten behaupten lässt! Focaccia mit Meersalz und Oregano ist unser Standardsandwichbrot im Café, da es sich für fast jede Art von Belag anbietet. Es schmeckt auch hervorragend als leichtes, luftiges Brot zum Stippen von Hummus oder Olivenöl. NICHOLA

ERGIBT 1 BROT

900 g Mehl Type 550, plus etwas Mehl zum Bestäuben
2 TL Salz
2 Päckchen à 7 g Trockenhefe
70 ml Olivenöl, plus Öl zum Einfetten und Beträufeln
3 TL Meersalz
1 Handvoll frischer Oregano
Balsamico-Essig zum Stippen

Ein Backblech mit Olivenöl einfetten. Mehl, Salz und Hefe in einer großen Schüssel oder in der Küchenmaschine mit dem Knethaken vermengen. In der Mitte eine Mulde bilden, 600 ml lauwarmes Wasser und das Olivenöl hineingießen und alles von Hand oder in der Maschine 10 Minuten durchkneten. Beim Kneten von Hand die Zutaten zunächst in der Schüssel vermengen, bis sie sich grob verbunden haben, anschließend auf der bemehlten Arbeitsfläche weiter durcharbeiten. Der Teig sollte glatt und glänzend sein und sich elastisch anfühlen.

Den Teig in dem Blech grob zu einem Rechteck formen, mit eingeölter Frischhaltefolie zudecken und an einem warmen Ort gehen lassen, bis er sein Volumen verdoppelt hat – das dauert etwa 1½ Stunden.

Den Ofen auf 180 °C vorheizen. Die Folie entfernen und den Teig in die Ecken des Backblechs pressen und einpassen. Mit Meersalz und frischem Oregano bestreuen und mit den Fingern die typischen Focaccia-Grübchen hineindrücken. Zuletzt mit Olivenöl beträufeln.

Einen Topf mit einigen Eiswürfeln auf den Boden des Backofens stellen und die Focaccia im heißen Ofen 16–18 Minuten backen.

Die Focaccia heiß oder kalt mit gutem Olivenöl und Balsamico zum Eintunken servieren.

VARIATION

Man kann das Brot vor dem Backen mit angeschwitzten roten Zwiebeln, schwarzen Oliven oder getrockneten Tomaten anstatt mit Meersalz und Oregano bestreuen – das Resultat ist ein komplett anderes.

Roggen-Rosinen-Brot

Dieses Brot schmeckt fantastisch mit Butter bestrichen zum Frühstück. Es passt aber auch gut zu einer herzhaften Wurst- und Käseplatte zum Lunch wie dem Ploughman's (Seite 134) oder mit einer großzügigen Portion Pâté und selbst gemachtem rotem Zwiebel-Chutney (Seite 34).

GILLIAN

ERGIBT 1 BROT

200 g Weizenmehl Type 550
50 g dunkles Roggenmehl Type 1150
5 g Trockenhefe
1 Prise Salz
100 g Rosinen
Olivenöl zum Einfetten

Beide Mehle, die Hefe und das Salz in einer großen Schüssel oder in der mit dem Knethaken bestückten Küchenmaschine grob vermengen. 175 ml lauwarmes Wasser dazugießen und alles zu einem klebrigen Teig verarbeiten.

Den Teig von Hand oder in der Küchenmaschine 10 Minuten kneten, in der letzten Minute die Rosinen dazugeben. Beim Kneten von Hand die Zutaten zunächst in der Schüssel grob vermengen und anschließend auf der bemehlten Arbeitsfläche weiter durcharbeiten. Der Teig sollte sich glatt und elastisch anfühlen.

Den Teig in eine leicht eingeölte Schüssel legen, mit einem sauberen feuchten Küchentuch bedecken und an einem warmen Ort 1 Stunde gehen lassen, bis er sein Volumen verdoppelt hat.

Den Teig auf der leicht bemehlten Arbeitsfläche noch einmal einige Minuten durchkneten und zu einem rundlichen Laib formen.

Den Laib auf ein gefettetes Blech legen und mit einem sehr scharfen Messer etwa 1 cm tief kreuzförmig einritzen. Mit einem kräftig bemehlten Küchentuch zudecken und an einem warmen, zugfreien Ort weitere 45 Minuten gehen lassen, bis der Teig sein Volumen erneut verdoppelt hat.

Den Ofen auf 180 °C vorheizen.

Das Küchentuch entfernen und das Brot etwa 45 Minuten backen, bis es hohl klingt, wenn man gegen den Boden klopft. Aus dem Ofen nehmen und auf einem Gitter abkühlen lassen.

Sauerteigstarter

Einen Sauerteigstarter anzusetzen, erfordert ein bisschen Hingabe, doch die Mühe lohnt sich, versprochen. Wenn man erst einmal eine gesunde Kultur am Start hat, kann man sie über Jahre am Leben erhalten (unsere ist drei Jahre alt!). Wir füttern unsere jeden Tag, wer den Starter jedoch nur sporadisch einsetzen möchte, kann ihn im Kühlschrank lagern und braucht ihn nur einmal pro Woche zu füttern. GILLIAN

Weizenmehl Type 550

In einem verschließbaren Kunststoffbehälter oder einem Einmachglas 50 g Mehl und 50 ml lauwarmes Wasser gründlich verrühren. Fest verschließen und 24 Stunden bei Zimmertemperatur stehen lassen.

Am zweiten Tag die gleiche Menge Mehl und Wasser zugeben, erneut gut umrühren und den Teig fest verschlossen weitere 24 Stunden bei Zimmertemperatur stehen lassen.

Den Vorgang am dritten Tag wiederholen. Läuft alles planmäßig, könnte es bereits genügen, um einen aktiven Starter herzustellen. Der Teig sollte moussieren und mit Bläschen bedeckt sein. Es kann aber auch einige Tage länger dauern, bis dieser Zustand eintritt. Moussiert die Masse nach drei Tagen nicht, die Hälfte wegwerfen und weitere 75 g Weizenmehl Type 550 und 75 ml lauwarmes Wasser zugeben. Unter Umständen muss man den Vorgang 7 oder 8 Tage wiederholen, bis die Hefen und Milchsäurebakterien arbeiten.

Nach 5 Tagen sollte der Starter in der Regel einsatzbereit sein. Zum Füttern des Starters die Hälfte entnehmen (für ein Rezept verwenden oder entsorgen) und mit 75 g frischem Weizenmehl Type 550 und 75 ml lauwarmem Wasser auffüllen.

Man sollte den Starter möglichst täglich oder jeden zweiten Tag zu gleichen Teilen mit Mehl und Wasser füttern, wenn er bei Zimmertemperatur gelagert wird. Im Kühlschrank reicht einmal pro Woche. Bei der Lagerung im Kühlschrank sollte er einige Tage vor dem Gebrauch herausgenommen und täglich gefüttert werden.

Sauerteigbrot

Wir können nicht leugnen, dass dieses Brot etwas mehr Arbeit macht als so manch anderes in diesem Kapitel. Vertrauen Sie uns, all das Kneten, Falten und Warten, bis der Teig gegangen ist, zahlt sich am Ende wirklich aus. Der Unterschied in Geschmack und Konsistenz zu einem gewöhnlichen Weizenbrot ist immens. **LINSEY**

ERGIBT 2 BROTE

450 g Weizenmehl Type 550, plus Mehl zum Bestäuben
175 g Sauerteigstarter (siehe linke Seite)
10 g Salz
etwas Öl zum Einfetten

Das Mehl in eine große Schüssel geben. In einer weiteren Schüssel 240 ml lauwarmes Wasser mit dem Starter verrühren, die Mischung in das Mehl gießen und alles zu einem klebrigen Teig verarbeiten.

Anschließend den Teig auf der bemehlten Arbeitsfläche kneten oder in der Küchenmaschine mit dem Knethaken durcharbeiten. Zuletzt das Salz zugeben. Nach etwa 10 Minuten sollte der Teig glatt und geschmeidig sein.

Den Teig in eine große eingeölte Schüssel legen, mit einem sauberen feuchten Tuch bedecken und an einem warmen Ort 1 Stunde gehen lassen. Anders als Hefeteige verdoppelt Sauerteig nicht sein Volumen.

Den Teig auf die gesäuberte und leicht eingeölte Arbeitsfläche legen, behutsam in die Länge ziehen und eine Seite zur Mitte falten. Um 90 Grad drehen und das Strecken und das Falten wiederholen. Den Teig zurück in die Schüssel legen und ruhen lassen. Nach 1 Stunde erneut strecken und falten und noch einmal 30 Minuten in der Schüssel ruhen lassen.

Den Teig auf die eingeölte Arbeitsfläche legen und in zwei gleich große Hälften teilen. Die Schüssel mit einem Tuch auslegen und dieses kräftig mit Mehl bestauben. Jede Teighälfte zu einem Laib formen und auf das Tuch in die Schüssel legen. Mit leicht eingeölter Frischhaltefolie zudecken und 2 Stunden an einem warmen Ort gehen lassen.

Den Ofen auf 220 °C vorheizen. Eine Backform mit einigen Eiswürfeln oder etwas kaltem Wasser füllen und auf den Boden des Ofens stellen, um beim Backen den Innenraum des Ofens zu befeuchten.

Die Teiglinge auf ein Blech legen und mit einem dünnen scharfen Messer entlang der Mitte einritzen. Im Ofen 35 Minuten backen, bis sich eine goldbraune Kruste gebildet hat und die Brote hohl klingen, wenn man gegen den Boden klopft. Auf einem Gitter abkühlen lassen.

Fladenbrot

Es gehört schon etwas Mut und Begeisterung dazu, sich in die Kunst des Brotbackens zu stürzen, doch dieses einfache Rezept sollte alle Befürchtungen zerstreuen. Es geht ziemlich schnell, erfordert kein teures Zubehör, und mit Hefe muss man auch nicht hantieren. Wir servieren Fladenbrot gern zu unserem Hähnchen-Mango-Salat mit Raita (Seite 99) oder zu Halloumi mit Tapenade (Seite 98). LINSEY

ERGIBT 10 FLADENBROTE

200 g Weizenmehl Type 405
200 g Weizenvollkornmehl
2 Päckchen Backpulver
1 EL Meersalz
400 g Joghurt

Sämtliche Zutaten in die Schüssel der Küchenmaschine geben und zu einem weichen Teig verarbeiten oder die Zutaten in einer großen Schüssel per Hand verkneten.

Den Teig auf der leicht bemehlten Arbeitsfläche einige Minuten kneten und in 10 gleich große Bällchen zerteilen. Ein Nudelholz leicht mit Mehl bestäuben und die Teigbällchen kreisrund und 3–4 mm dünn ausrollen. Keine Sorge, wenn sie nicht makellos gelingen – ein bisschen unrund sehen sie sogar noch besser aus.

Sobald alle Fladenbrote ausgerollt sind, eine beschichtete Grillpfanne auf hoher Stufe etwa 5 Minuten erhitzen, bis sie richtig heiß ist. Die Fladenbrote von jeder Seite 2 Minuten backen, bis sie leicht aufgegangen sind und sich das typische Grillmuster abzeichnet.

Kartoffel-Scones

Kartoffel-Scones, tattie scones auf Schottisch, sind ein Muss bei einem herzhaften schottischen Frühstück. Sie schmecken himmlisch in Öl gebraten, lassen sich aber auch unter dem Grill geröstet in einen relativ gesunden Beitrag zum Frühstück verwandeln. **NICHOLA**

ERGIBT 10–12 STÜCK

500 g mehligkochende Kartoffeln
etwas Salz
100 g Mehl, gesiebt, plus Mehl zum Bestäuben
15 g weiche, gesalzene Butter
½ TL Backpulver
1 TL Olivenöl

Die Kartoffeln schälen, vierteln und in einem großen Topf 15 Minuten in Salzwasser kochen, bis sie weich sind. Abgießen, in eine große Schüssel geben und 10 Minuten abkühlen lassen.

Mehl, Butter, eine Prise Salz und das Backpulver zu den Kartoffeln in die Schüssel geben und alles zerstampfen. Die Masse braucht nicht ganz glatt zu sein.

Den Teig auf eine saubere, bemehlte Arbeitsfläche legen. Ein Nudelholz mit Mehl bestäuben und den Teig zu einem 2 cm dicken Fladen ausrollen.

Den Teigfladen in Dreiecke schneiden. Wir verwenden für unsere tattie scones allerdings einen runden Ausstecher von 12 cm Durchmesser.

Das Olivenöl in einer Pfanne auf mittlerer Stufe erhitzen. Die Kartoffel-Scones portionsweise einlegen und von jeder Seite 2 Minuten braten, bis sie goldbraun und leicht aufgegangen sind. Vorsicht beim Wenden, damit sie nicht zerfallen.

Amerikanische Mais-Muffins

Wir servieren diese großartigen kleinen Mais-Muffins als Mini-Sandwiches mit pulled pork (zerzupftes Schweinefleisch aus Schulter oder Nacken) als Teil unserer »Soul-BBQ«-Abendkarte – sie schmecken umwerfend! Das leicht süßliche Brot und die herzhafte Füllung ergänzen sich perfekt. LINSEY

ERGIBT 10–12 MUFFINS

175 g Mehl
100 g Polenta
1/2 TL Salz
2 TL Backpulver
50 g feiner Zucker
240 ml Vollmilch
1 großes Ei, raumtemperiert
50 g zerlassene Butter, plus etwas Butter zum Einfetten der Form
100 g Maiskörner (aus der Dose oder frisch)

Den Backofen auf 180 °C vorheizen. Ein Muffinblech mit 12 Mulden mit etwas zerlassener Butter einfetten oder mit Backspray einsprühen.

Sämtliche Zutaten außer den Maiskörnern in einer großen Schüssel zu einem Teig verkneten. Den Mais dazugeben und rasch unterheben, bis alles gleichmäßig vermengt ist.

Den Teig in das vorbereitete Muffinblech füllen und im heißen Ofen 15 Minuten backen, bis die Muffins auf leichten Druck elastisch zurückfedern. Die Muffins aus der Form lösen und auf einem Kuchengitter abkühlen lassen.

Irisches Sodabrot

Ich habe vier Jahre in Dublin gelebt und wurde richtig süchtig nach Sodabrot (soda bread oder brown bread, wie es in Irland heißt). Irisches Sodabrot ist von recht fester Struktur, weshalb man es vielseitig verwenden kann – zum Frühstück, Lunch oder Abendessen. In Irland isst man es auch zum zweiten Frühstück (die beste Mahlzeit des Tages) mit Butter und Marmelade. GILLIAN

ERGIBT 1 BROT

225 g Weizenvollkornmehl
225 g Weizenmehl Type 550, plus etwas Mehl zum Bestäuben
1 TL Salz
1 TL Backnatron
25 g kalte Butter, gewürfelt
1 großes Ei
200 ml Vollmilch
200 g Joghurt

Den Ofen auf 180 °C vorheizen. Eine runde Backform von 25 cm Durchmesser mit Backpapier auskleiden.

Beide Mehle, das Salz und das Backnatron in eine große Rührschüssel sieben. Die Butter dazugeben und mit den Fingern in die Mehlmischung reiben.

In einer weiteren Schüssel das Ei mit der Milch und dem Joghurt verschlagen. Eine Mulde in die Mitte der Mehl-Butter-Mischung drücken, die Eimasse hineingießen und unterheben, bis die Zutaten vermengt sind (nicht kneten, damit der Teig locker bleibt!). Den Teig mit einer Teigkarte oder einem Spatel in die vorbereitete Form füllen und glatt streichen. Die Oberfläche mit einem scharfen Messer 2,5 cm tief kreuzförmig einschneiden und das Brot leicht mit Mehl bestäuben.

Das Sodabrot im heißen Ofen 50–60 Minuten backen, bis es dunkelbraun ist. Aus der Form nehmen und auf einem Kuchengitter abkühlen lassen.

paysan breton
CAMEMBERT PAYS

Mein Teller ist dein Teller

Manche mögen es anders sehen, aber wenn es ums Essen geht, sind wir drei überzeugte Anhänger des Teilens. Wann immer wir zusammen essen gehen, bestellen wir nie dasselbe Gericht. Das Bestellen dauert immer eine ganze Weile, weil wir gemeinsam drei Gerichte aussuchen, die wir alle mögen, um sie herumgehen zu lassen und zu teilen. Beim Essen haben wir einen sehr ähnlichen Geschmack, sodass wir problemlos füreinander bestellen könnten. Nur ab und zu vergessen wir Eigenheiten wie Nicholas leichte Allergie gegen Jakobsmuscheln, Linseys Abneigung gegen Eier und Gillians Ekel vor Ketchup. Früher war manch neuer Freund ziemlich schockiert über unseren »Mein-Teller-ist-dein-Teller«-Fimmel. Und wer sich daran nicht gewöhnen konnte, war schnell passé!

Ein Familienurlaub in Barcelona als Teenager war eine echte Offenbarung für uns. Wir entdeckten eine Esskultur, die das Teilen geradezu in den Mittelpunkt stellte. Besser noch, es wurde alles in kleinen Portionen serviert, sodass man neun verschiedene Gerichte probieren konnte anstatt nur drei. Noch heute haben wir eine Schwäche für die spanische und mediterrane Esskultur und versuchen sie, wann immer möglich, in unser Café zu übertragen. Beim Catering für Hochzeiten und andere Anlässe raten wir den Kunden immer zu gemischten Platten zum gemeinschaftlichen Teilen. Wenn es nach uns ginge, würde jede Mahlzeit im Tapas-Stil serviert.

Viele schöne Erinnerungen rund ums Essen hängen an gesellig geteilten Kleinigkeiten, wobei ein gutes Glas Wein auch dazu gehört. Auf einer Neuseelandreise vor einigen Jahren radelten Gillian und Nichola durch die Weinberge Marlboroughs, tranken den berühmten Sauvignon Blanc und genossen dazu einfache kleine Häppchen wie Oliven, Wurst und Schinken und Käse, um den Alkohol aufzusaugen – ein perfekter Nachmittag. Man darf wohl annehmen, dass die Heimfahrt eine langsame und wackelige war!

Der Schlüssel zu einer gut zusammengestellten Platte heißt Schlichtheit. Es ist die einfachste Methode, in kürzester Zeit eine große Auswahl an Speisen auf den Tisch zu bringen. Wir haben hier eine Reihe der beliebtesten Zutaten unserer Platten zusammengestellt, doch wer keine Zeit hat, Pesto oder Pâté selbst zu machen, kann auch auf gute, frische Produkte vom Markt oder aus dem Feinkostladen zurückgreifen.

GILLIAN

Meeresfrüchteplatte

Diese Seafood-Auswahl ist die beliebteste Platte in unserem Café. Das Schöne daran ist natürlich, dass man sie nach eigenem Gusto mischen und zusammenstellen kann, auf unsere gehören:

PÂTÉ VON GERÄUCHERTER MAKRELE (SEITE 130)
RÄUCHERLACHS
SCHARFE GARNELEN (UNTEN)
RUCOLA ZUM GARNIEREN
SELBST GEMACHTE MAYONNAISE (SEITE 131)
SELBST GEBACKENE HAFERPLÄTZCHEN (SEITE 88)
ODER IRISCHES SODABROT (SEITE 122)
ZITRONENSPALTEN

Scharfe Garnelen

Nicht nur auf einer Meeresfrüchteplatte machen diese Garnelen eine gute Figur, auch für eine schnelle Pasta sind sie eine leckere Option. Einfach die Pasta in Olivenöl schwenken, ein paar gewürfelte Kirschtomaten untermengen und mit den Garnelen garnieren. LINSEY

FÜR 4 PERSONEN

10 g Butter
2 TL natives Olivenöl extra
20 rohe geschälte Riesengarnelen
1 roter Chili
abgeriebene Schale von 1 Bio-Limette und Saft von ½ Limette
1 EL grob gehacktes Koriandergrün

Die Butter und das Öl in einer Pfanne kräftig erhitzen, bis die Butter schäumt. Die Garnelen einlegen und 2 Minuten braten; ab und zu wenden.

Inzwischen die rote Chilischote entkernen und fein würfeln. Nach 2 Minuten Bratzeit den Chili sowie Schale und Saft der Limette zu den Garnelen geben und alles weitere 2 Minuten garen.

Die Garnelen aus der Pfanne nehmen, mit dem Koriandergrün vermischen und servieren.

Pâté von geräucherter Makrele

Dieses Rezept ist kinderleicht. Einfach alle Zutaten in den Mixer geben und pürieren! Mit Haferplätzchen ein herrlicher Snack zum Lunch. NICHOLA

FÜR 4–6 PERSONEN

250 g geräucherte Makrelenfilets
200 g Frischkäse (Doppelrahmstufe)
geriebene Schale von 1 Bio-Zitrone und Saft von ½ Zitrone
2 EL Sahnemeerrettich
3 EL grob gehackte glatte Petersilie

Die geräucherte Makrele enthäuten und entgräten. Die dicksten Gräten liegen entlang der Mittellinie der Filets (ganz kleine Gräten sind nicht so erheblich).

Das Makrelenfleisch zerpflücken und zusammen mit den restlichen Zutaten im Mixer oder mit dem Pürierstab nur so lange mixen, dass das Fischfleisch zwar zerkleinert ist, die Pâté aber noch eine leicht stückige Struktur hat.

Hausgemachte Mayonnaise

Ich möchte hier gar nicht den Eindruck erwecken, Hellman's und Heinz spielten keine Rolle auf meinem geliebten Gewürzbord. Ich bin alles andere als eine begnadete Küchenfee, die ohne Dosen und Fertigsaucen auskommt. Doch wenn es die Zeit erlaubt, lohnt es, Mayonnaise selbst zu machen. Geschmacklich ist sie jedem Fertigprodukt haushoch überlegen und eine ideale Beigabe zu Meeresfrüchten. Probieren Sie auch die unten genannten Variationen, die zu jeder Art von Fleisch und Fisch passen – ein kleiner Schritt auf dem Weg zur perfekten Küchenfee. **LINSEY**

ERGIBT ETWA 400 G (1 KLEINES GLAS)

1 großes Eigelb
½ TL Dijon-Senf
½ TL Salz
¼ TL weißer Pfeffer
½ TL feiner Zucker
2 TL Weißweinessig
je 75 ml Pflanzenöl und Olivenöl, gemischt
(alle Zutaten raumtemperiert)

Eigelb, Senf, Gewürze, Zucker und 1 Teelöffel des Essigs in die mit dem Flügelmesser bestückte Küchenmaschine oder den Mixbecher des Pürierstabs geben und auf hoher Stufe etwa 2 Minuten mixen, bis die Mischung hellgelb und cremig ist.

Bei laufendem Gerät nach und nach, zuerst tröpfchenweise, das Öl zugießen. Die Masse wird mit der Zeit heller, dicker und seidig glänzend. Nachdem die Hälfte des Öls eingearbeitet ist, die Menge etwas erhöhen – etwa 1 Teelöffel bei jeder Zugabe. Gibt man das Öl zu schnell zu, gerinnt die Mayonnaise.

Sobald sämtliches Öl eingearbeitet ist, die Konsistenz prüfen. Ist die Mayonnaise zu dick, 1 Teelöffel heißes Wasser zugeben und schnell unterrühren. In dieser Weise teelöffelweise weiteres heißes Wasser untermengen, bis die Mayonnaise die gewünschte Konsistenz hat. Jetzt den restlichen Essig zugießen und mit einem Löffel unterrühren.

Die Mayonnaise in ein sauberes Glas oder in einen fest verschließbaren Behälter umfüllen und im Kühlschrank lagern. Da sie frei von Konservierungsstoffen ist, sollte sie innerhalb von 4 Tagen verbraucht werden.

VARIATIONEN

* Frische Kräuter und abgeriebene Zitronenschale – hervorragend zu weißfleischigem Fisch.
* Getrocknete Tomaten und frisches Basilikum – perfekt zu Brathähnchen.
* Kapern und gewürfelte rote Zwiebeln – ausgezeichnet als Dip mit Brot, Chips oder zu Rohkost.
* Frische Chipotle-Chilis und Limettenschale – siehe Rezept Maissandwiches mit Halloumi und Chipotle-Mayonnaise (Seite 23).
* Blauschimmelkäse und gedünsteter Lauch – köstlich zu Steak vom Grill.

Ploughman's Platter

Da ich eine große Käseliebhaberin bin, ist der Ploughman's, ein herzhafter Pub-Klassiker in Großbritannien mit Käse, Pickles und Brot, manchmal auch mit Wurst, meine Lieblingsplatte. Im Café servieren wir ihn mit Hähnchenleber-Parfait – hier gibt es Schottische Eier dazu –, ideal für ein Picknick, da einfach zu transportieren. GILLIAN

Unser Ploughman's-Picknick beseht aus:
SCHOTTISCHE EIER (UNTEN) • REIFER CHEDDAR
BRIE • SELBST GEMACHTES TOMATEN-CHUTNEY (SEITE 136)
SELBST GEBACKENES SAUERTEIGBROT (SEITE 117)

Schottische Eier

Auch wenn Schottische Eier ein bisschen Arbeit machen, das Ergebnis schmeckt so viel besser als die gekaufte Variante. Wer sie auf einem Picknick auspackt, ist der Star am Strand oder auf der Parkbank. GILLIAN

ERGIBT 6 STÜCK

8 Eier
2 TL Pflanzenöl
1 Stange Lauch
1 weiße Zwiebel
2 Knoblauchzehen
6 Salbeiblätter
1 TL Kreuzkümmelsamen
1 TL Fenchelsamen
1 kg Wurstbrät
1 TL geräucherter Paprika edelsüß
etwas Mehl zum Bestäuben und Ausrollen
100 g Paniermehl

6 Eier hart kochen und schälen. Die restlichen Eier in eine Schüssel aufschlagen und verquirlen. Den Lauch putzen und waschen. Die Zwiebel schälen. Zwiebel und Lauch feinhacken. Den Knoblauch schälen und im Mörser zerstoßen. Den Salbei hacken.

Das Öl in einer Pfanne auf mittlerer Stufe erhitzen. Lauch, Zwiebeln und Knoblauch darin 5–10 Minuten anschwitzen und regelmäßig umrühren, damit das Gemüse nicht zu kräftig bräunt. Sobald es weich ist, die Pfanne von der Kochstelle nehmen und den Salbei unter das Gemüse rühren.

Eine weitere Pfanne ohne Fettzugabe kräftig erhitzen. Die Kreuzkümmel- und Fenchelsamen darin 3–4 Minuten rösten und dabei regelmäßig durchschwenken, bis sie goldbraun sind und aromatisch duften. Die Samen abkühlen lassen und im Mörser oder in der Gewürzmühle sandfein zermahlen. Das abgekühlte Gemüse mit dem Wurstbrät, dem Paprikapulver, dem Kreuzkümmel und den Fenchelsamen vermengen.

Die Eier mit etwas Mehl bestäuben. Die Wurstmasse in sechs Portionen teilen. Je 1 Portion auf ein Stück Frischhaltefolie geben und zu einem runden Fladen von etwa 15 cm Durchmesser und ½ cm Dicke formen. In die Mitte 1 Ei setzen und dieses mithilfe der Folie vollständig in die Wurstmasse einschlagen. Mit den anderen Eiern ebenso verfahren.

Die Eier 30 Minuten kalt stellen. Den Backofen auf 180 °C vorheizen. Die gekühlten Eier mitsamt dem Brät aus der Folie wickeln und nacheinander in Mehl, den verschlagenen Eiern und Paniermehl wenden. Die Eier auf ein leicht bemehltes Blech legen und im heißen Ofen 40 Minuten backen, bis sie goldbraun sind und das Brät durchgegart ist.

Hausgemachtes Tomaten-Chutney

Da dieses selbst gemachte Chutney gut zu Pâté, Schinken oder einem gereiften Cheddar passt, ist es eine perfekte Ergänzung zu einem Ploughman's (siehe Seite 134). Der Cheddar von der Isle of Arran ist mein Favorit, doch jeder andere kräftige Käse tut es auch. NICHOLA

ERGIBT 2–3 GLÄSER VON JE ETWA 400 G

550 g Äpfel einer säuerlichen Sorte, z. B. Granny-Smith
550 g weiche reife Tomaten
350 g weiße Zwiebeln
250 g getrocknete Aprikosen
3 Knoblauchzehen
350 g brauner Zucker
1/4 EL Cayennepfeffer
3/4 EL gemahlener Ingwer
1 TL Salz
850 ml klarer Malzessig (ersatzweise Weinessig)
15 g Einmachgewürzmischung

Die Äpfel und die Tomaten waschen, vierteln und entkernen. Die Zwiebeln schälen und vierteln. Tomaten, Äpfel und Zwiebeln im Mixer oder mit dem Pürierstab fein zerhacken, jedoch nicht vollständig pürieren. Die getrockneten Aprikosen fein hacken. Den Knoblauch schälen und in feine Scheiben schneiden. Alles zusammen mit Zucker, Cayennepfeffer, Ingwer, Salz und Essig in einen Topf geben.

Das Einmachgewürz in einen Teefilter füllen, diesen mit einem Stück Küchengarn zubinden und ebenfalls in den Topf legen.

Die Mischung aufkochen und bei schwacher Hitze offen 3–4 Stunden ganz leicht köcheln lassen. Dabei immer wieder umrühren. Sie sollte am Ende sämig dick und von säuerlich-herbem Aroma sein, jedoch nicht nach Essig schmecken.

Vor dem Servieren vollständig abkühlen lassen. Luftdicht in Gläsern gelagert hält sich das Chutney bis zu 1 Monat.

Mezze-Platte

Diese Art von Mezze ist die perfekte Wahl für einen warmen Sommerabend bei einem Glas gut gekühltem Weißwein. Für das gebratene Gemüse verwenden wir gern rote Zwiebeln und Auberginen. GILLIAN

Auf unsere Mezze-Platte gehören:
HUMMUS (unten) • OLIVEN
EINGELEGTER SCHAFSKÄSE (Seite 140)
DUKKAH (Seite 141) • TZATZIKI (Seite 140) • GEBRATENES GEMÜSE

Hummus

Dies ist ein Dauergast auf unserem Lunch-Buffet: Simpel und preiswert in der Zubereitung, spielt er in einer ganz anderen Liga als Fertigprodukte. Da sich das dezente Sesamaroma und die Zitrone perfekt ergänzen, mag ich ihn am liebsten schlicht und schnörkellos, aber probieren Sie ruhig unsere speziell gewürzten Varianten. Sie geben dem Hummus eine komplett andere Richtung. LINSEY

FÜR 6 PERSONEN

1 kleine Dose (250 g) Kichererbsen
30 g helles Tahini (Sesampaste)
60 ml natives Olivenöl extra
2 kleine geschälte Knoblauchzehen
geriebene Schale und Saft von 1/2 Bio-Zitrone
1 großzügige Prise Salz

Die Kichererbsen in einem Sieb unter fließendem Wasser abspülen und abtropfen lassen. Sämtliche Zutaten im Mixer pürieren, bis die Masse glatt ist. Mit Zitrone und Salz nach Belieben abschmecken.

OPTIONALE WÜRZBEIGABEN:

* Dukkah (Seite 141)
* Frisch gehacktes Basilikum und geröstete Mandelblättchen
* Roter Chili und Koriandergrün
* Geräucherter Paprika

Eingelegter Schafskäse

Feta ist ein wunderbar würziger Käse, der sich schon direkt aus der Packung fabelhaft in einer Mezze-Auswahl macht, doch in einer Rosmarinmarinade eingelegt entwickelt er besonderen Pfiff – die Mühe lohnt sich. GILLIAN

FÜR 4–6 PERSONEN

3 Knoblauchzehen
250 g Schafskäse
1 Zweig frische Minze
1 Zweig Rosmarin
4 EL natives Olivenöl extra
1/2 TL zerstoßener schwarzer Pfeffer

Den Backofen auf 200 °C vorheizen. Die Knoblauchzehen ungeschält in ein Stück Alufolie wickeln, auf ein Blech legen und im heißen Ofen 15 Minuten backen. Dabei wird der Knoblauch weicher und milder im Geschmack. Die Zehen aus der Folie wickeln, schälen und mit einer Gabel leicht zerdrücken.

Inzwischen den Schafskäse in mundgerechte Stücke schneiden. Die Kräuter waschen und trockenschütteln, den Rosmarin abzupfen. Die Minze grob hacken.

Den zerdrückten Knoblauch in einer Schüssel mit dem Feta, der Minze, dem Rosmarin, dem Olivenöl und dem Pfeffer vermengen. Bei Zimmertemperatur einige Stunden ziehen lassen und servieren.

Tsatsiki

Keine Mezze-Platte wäre vollständig ohne den traditionellen Tsatsiki-Dip als kühlende Ergänzung zu den warmen orientalischen Aromen. GILLIAN

FÜR 4 PERSONEN

1/4 Salatgurke
1/2 Stange Staudensellerie
300 g Joghurt
2 EL grob gehackte Minze
1 TL Meersalz
1 Prise grob gemahlener schwarzer Pfeffer

Die Salatgurke und den Staudensellerie in kleine Würfel schneiden.

Sämtliche Zutaten in einer Schüssel vermengen. Den Tsatsiki vor dem Servieren möglichst 1 Stunde im Kühlschrank durchziehen lassen, damit sich die Aromen entfalten und miteinander verbinden.

Dukkah

Dukkah ist eine äußerst vielseitige traditionelle Nuss-Gewürz-Mischung aus Ägypten, ideal für eine Mezze-Auswahl, die sich aber auch als Dip oder Garnitur zu jedem Gericht mit nahöstlichem Einschlag servieren lässt. Ich esse Dukkah gern zu Fladenbrot, das ich zuerst in Olivenöl eintunke, damit möglichst viel dran kleben bleibt! **GILLIAN**

100 g geschälte Haselnusskerne
100 g Sesamsamen
30 g Kreuzkümmelsamen
30 g Koriandersamen
10 g Fenchelsamen
½ TL scharfer Paprika
1 TL feiner Zucker
½ TL Salz
½ TL grob gemahlener schwarzer Pfeffer

Den Ofen auf 180 °C vorheizen. Die Haselnüsse im Mixer oder mit dem Blitzhacker grob zermahlen. Sie sollten recht stückig bleiben, also behutsam arbeiten.

In der Fettpfanne des Backofens Haselnüsse, Sesam, Kreuzkümmel, Koriander und Fenchel vermengen und 15 Minuten im Ofen rösten. Die Pfanne alle 4–5 Minuten herausnehmen und rütteln, damit die Mischung nicht verbrennt. Sie sollte gleichmäßig gebräunt sein und appetitlich duften.

Die Nuss-Gewürz-Mischung abkühlen lassen.

Zuletzt Paprikapulver, Zucker sowie Salz und Pfeffer untermengen. Das Dukkah hält sich luftdicht verschlossen und bei Zimmertemperatur gelagert bis zu 3 Monate.

Kinderpicknick

Picknick ist für mich eine liebgewonnene Tradition aus Kindheitstagen. Als ich ein kleines Mädchen war, machte Mary, die beste Freundin meiner Mutter, wenn wir bei ihr zu Gast waren, immer belegte Brote für unser Picknick. Es bestand lediglich aus gewürfeltem Rohkostgemüse, Käse und Brot oder Toast, aber für uns war es die vergnüglichste Mahlzeit des Tages. Was für ein pfiffiger Trick, unseren Kleinen ein bisschen gesundes Obst und Gemüse unterzujubeln! NICHOLA

Zu unserem Kinderpicknick gehören:

HUMMUS (Seite 137) • MÖHRENSTÄBCHEN
CHEDDAR, IN LANGE STÄBCHEN GESCHNITTEN • GURKENSTÄBCHEN
TOASTSTREIFEN ZUM STIPPEN
APFELSPALTEN • ROSINEN

Dinner

Jeder, der einmal im Gastgewerbe gearbeitet hat, weiß, dass es trotz der langen Arbeitszeiten, harten Bedingungen und schreienden Köche vor allem das Gefühl ist, Teil einer Familie zu sein, das einen in den Bann zieht. Ich habe das nie so deutlich empfunden wie im *Three Sisters Bake*. Nicht nur, dass ich mit meinen Schwestern zusammenarbeite, auch das Team in Küche und Service fühlt sich mittlerweile als Teil einer großen Familie.

Dieses Gefühl versuchen wir auch unseren Gästen im Café zu vermitteln. Am Abend ist die Atmosphäre mit Lichterketten, Kerzenschein, Cocktails und großartiger Live-Musik als Rahmen für unsere Soul BBQ-Karte eine völlig andere. Seit wir auch eine Abendkarte bieten, haben wir die Erfahrung gemacht, dass zwanglose, herzhafte Gerichte im amerikanischen Stil unsere Köche und Gäste gleichermaßen begeistern.

Von pulled pork, einem Barbecue-Klassiker aus gegrilltem und zerpflückten Schulter- oder Nackenfleisch, der mittlerweile in vielen Lokalen der Stadt auf der Karte steht (unseres ist angeblich das beste, wie man hört), bis zu Hähnchen in hausgemachter Barbecuesauce – jedes unserer Soul-Food-Gerichte soll originell sein und unsere Gäste zufrieden und glücklich machen. In diesem Kapitel haben wir einige Soul-Food-Gerichte und eine Handvoll Familienmahlzeiten zusammengestellt, die sich am Ende eines langen Tages schnell und einfach zubereiten lassen.

An einem unserer Soul-BBQ-Abende durch das Küchenfenster zu schauen, gibt mir immer den Kick. Das Café ist brechend voll, Leute von überall her sind über gewundene Landstraßen in unser verschlafenes kleines Dorf angereist, um in netter Gesellschaft einen schönen Abend bei Live-Musik und – natürlich – hervorragendem Essen zu genießen.

LINSEY

Limetten-Chili-Garnelen mit Kokosreis

Ich verwende für den Kokosreis bei diesem Rezept vielleicht ein etwas krummes Maß. Das liegt an meiner klassischen Porzellanteetasse im Küchenregal, die genau 225 g Reis fasst – gerade richtig für zwei Personen. NICHOLA

FÜR 2 PERSONEN

FÜR DIE GARNELEN

1 cm frischer Ingwer
½ rote Chilischote
1 rote Paprikaschote
⅓ Salatgurke
2 EL Sesamöl
abgeriebene Schale und Saft von 1 Bio-Limette
1 Knoblauchzehe
1 TL brauner Zucker
12 rohe ungeschälte Riesengarnelen
20 g Koriandergrün, samt Stielen grob gehackt

FÜR DEN KOKOSREIS

1 Teetasse (225 g) weißer Basmatireis
1 Teetasse (225 ml) Kokosmilch
1 Teetasse (225 ml) kaltes Wasser

Den Ingwer schälen und fein hacken. Die Chili- und die Paprikaschote von Stielansatz und Samen befreien. Die Chilischote fein hacken, die Paprikaschote in lange, schmale Streifen schneiden. Die Knoblauchzehe schälen und im Mörser zerstoßen. Die Salatgurke in 5 cm lange Stifte schneiden.

In einer Schüssel Sesamöl, Ingwer, Limettenschale und -saft, Chili, Knoblauch und Zucker verrühren. Die Garnelen einlegen und marinieren.

Für den Kokosreis den Basmatireis unter fließendem Wasser abspülen und bis zu 1 Stunde in lauwarmem Wasser einweichen. Den Reis in einem mittelgroßen Topf mit der Kokosmilch und 225 ml kaltem Wasser verrühren und offen bei starker Hitze aufkochen, dann zugedeckt bei schwacher Hitze 12 Minuten behutsam garen, bis der Reis bissfest ist. Den Topf von der Kochstelle nehmen und den Reis zugedeckt weitere 5 Minuten quellen lassen.

Die Garnelen aus der Marinade nehmen. Eine große Pfanne oder einen Wok auf mittlerer Stufe erhitzen. Die Garnelen einlegen und 3–4 Minuten braten, bis sie sich rosa färben. Die Paprikastreifen hinzufügen und das Ganze weitere 2 Minuten garen.

Den Deckel vom Reistopf abnehmen und den Reis mit einer Gabel auflockern (er darf ruhig ein wenig kleben). Den Reis in zwei Schalen geben und die Garnelen darüber verteilen. Mit Koriandergrün und den Gurkenstiften garnieren und servieren.

Schweinelende Wellington

Weihnachten ist für mich die schönste Zeit im Jahr. In unserer Familie geht es am Weihnachtstag immer ganz traditionell zu: Ein Disney-Film muss dabei sein und ein Wellington gehört auch dazu. Hier eine Variante mit Schweinelende. LINSEY

FÜR 6 PERSONEN

2 kg ausgebeinte Schweinelende
Salz und frisch gemahlener schwarzer Pfeffer
20 g Butter
1 TL Olivenöl
1 Tafelapfel, geschält, entkernt und gewürfelt
4 große Stangen Rhabarber, fein gewürfelt
½ TL mixed spice (Gewürzmischung aus Koriander, Zimt, Piment, Muskat, Ingwer und Nelken)
6 frische Salbeiblätter, fein gehackt
150 g Semmelbrösel
6 Scheiben Parmaschinken
500 g Blätterteig (Fertigprodukt)
1 großes Ei, verschlagen
Mehl zum Bestäuben

Die Schweinelende über die gesamte Länge etwa drei Viertel tief einschneiden. Parallel zu dem Einschnitt kleinere Einschnitte anbringen, sodass sich das Fleisch ein wenig weiter aufklappen und flach ausbreiten lässt. Von der offenen Seite mit Frischhaltefolie bedecken und mit einem Nudelholz leicht flachklopfen. Die obere Seite mit Salz und Pfeffer würzen.

Butter und Öl in einer Pfanne auf mittlerer Stufe erhitzen. Äpfel- und Rhabarberwürfel darin 5 Minuten unter Rühren bräunen. Die mixed spice und den gehackten Salbei zugeben, salzen, pfeffern, weitere 5 Minuten garen, beiseitestellen und vollständig abkühlen lassen.

Die Fruchtmischung in einer großen Schüssel mit den Semmelbröseln vermengen. Die Masse in der Mitte der Lende zu einem langen schmalen Streifen aufhäufen. Den Rand der Lende wie bei einem Rollbraten über die Füllung schlagen, sodass sie vollständig eingeschlossen ist. Die Rolle fest in Frischhaltefolie einwickeln und 20 Minuten in den Kühlschrank legen.

Den Backofen auf 200 °C vorheizen. Die Schinkenscheiben nebeneinander leicht überlappend auf ein großes Stück Frischhaltefolie legen. Die Lende auf den Schinken legen und mithilfe der Folie in diesen einschlagen. Die Folie wegwerfen.

Den Blätterteig auf der bemehlten Arbeitsfläche entrollen und die Lende im Schinkenmantel in die Mitte legen. Den unteren Teigrand über das Fleisch falten und den Braten fest in den Teig einwickeln. Die Ränder mit etwas verschlagenem Ei bestreichen und fest andrücken. Überstehenden Teig abschneiden.

Die Fettpfanne mit Mehl ausstreuen und das Teigpaket mit der Naht nach unten einlegen. Den Teig mit dem restlichen Ei bestreichen. Einige kleine Schlitze einritzen, damit der Dampf entweichen kann. Die Schweinelende im Blätterteig 15 Minuten backen, dann einen Bogen Alufolie auflegen und bei 180 °C weitere 10 Minuten backen, bis der Teig goldbraun ist. 10 Minuten ruhen lassen, in dicke Scheiben schneiden und mit einer Rahmsauce servieren.

Pete's Pulled Pork

Dieses typisch amerikanische Gericht – das Rezept stammt von unserem Koch Pete – servieren wir entweder mit Chili, Maiskolben und Blattkohl oder auf Focaccia (Seite 112) als Sandwich. Egal in welcher Form, es verkörpert die Seele der Südstaaten, und wir haben nie ein kritisches Wort darüber gehört. GILLIAN

FÜR 8 PERSONEN

FÜR DIE WÜRZMISCHUNG

2 EL geräucherter scharfer Paprika
2 EL gemahlener Kreuzkümmel
2 EL gemahlener Koriander
2 EL gemahlener Zimt
1 Prise Salz und frisch gemahlener schwarzer Pfeffer

FÜR DAS PULLED PORK

2 kg ausgelöste Schweineschulter
2 weiße Zwiebeln
3 Möhren
2 Stangen Sellerie
3 Knoblauchzehen
600 ml heißer Rinderfond
440 ml herbes Bier
2 Dosen (je 400 g) gehackte Tomaten
3 Zweige Oregano
200 g brauner Rohrzucker
300 ml Cidre- oder Apfelessig
250 ml frisch gepresster Orangensaft
Salz und frisch gemahlener schwarzer Pfeffer

Den Ofen auf 240 °C bzw. auf maximaler Stufe vorheizen.

Sämtliche Zutaten für die Würzmischung in einer Schüssel vermengen und die Schweineschulter kräftig damit einreiben.

Die Zwiebeln und die Möhren schälen, die Selleriestangen waschen. Das Gemüse fein würfeln. Den Knoblauch schälen und im Mörser zerstoßen. Alles miteinander vermengen und gleichmäßig auf dem Boden eines hohen Bräters verteilen. Die Schweineschulter auf das Gemüsebett legen und im Ofen 40 Minuten braten.

Am Ende der Bratzeit den Braten aus dem Ofen nehmen, den Fond, das Bier, den Oregano und die Tomaten dazugeben. Die Temperatur auf 160 °C reduzieren, den Bräter sorgfältig mit Alufolie zudecken und an den Rändern fest versiegeln. Wieder in den Ofen schieben und alles weitere 6 Stunden schmoren.

Den Bräter herausnehmen, die Folie entfernen und das Fleisch herausheben (der Bratensaft wird noch benötigt). Das Fleisch etwas ruhen und abkühlen lassen und anschließend mit zwei Gabeln oder mit den Fingern zerpflücken.

Für die Barbecuesauce den Bratensaft in einen großen Topf gießen. Den Zucker, den Essig und den Orangensaft dazugeben und alles bei mäßiger Hitze offen 20–30 Minuten köcheln lassen, bis die Sauce um ein Drittel reduziert und sämig ist. Durch ein Sieb passieren und mit Salz und Pfeffer abschmecken.

Das zerpflückte Schweinefleisch unter die Sauce rühren und das Ganze warm mit frisch gebackener Focaccia und Rucola servieren.

Sommerliches Hähnchen

Dies ist eines meiner typischen Montagabendgerichte, wenn die Zeit knapp ist und ich nach den Sünden des Wochenendes ein wenig auf die Bremse treten will. Es geht ganz einfach, und dazu serviere ich gern mit Meersalz gebackene Süßkartoffelecken. Ein rundum sommerlich sonniges und vergnügliches Essen. LINSEY

FÜR 4 PERSONEN

4 Hähnchenbrustfilets ohne Haut (je 150–200 g)
20 getrocknete Tomaten in Öl
4 EL grob zerpflücktes Basilikum
geriebene Schale von 2 Bio-Zitronen
250 g Ricotta
1 TL Meersalz
½ TL grob gemahlener schwarzer Pfeffer

Den Backofen auf 190 °C vorheizen. Die Hähnchenbrustfilets seitlich tief einschneiden, sodass eine Tasche für die Füllung entsteht, jedoch nicht ganz durchschneiden.

Die getrockneten Tomaten abtropfen lassen und in dünne Scheiben schneiden. Das Basilikum waschen, trockenschütteln und grob zerpflücken.

Getrocknete Tomaten und das Basilikum mit der Zitronenschale und dem Ricotta vermengen und mit Salz und Pfeffer würzen. Die Brustfilets mit je einem Viertel der Masse füllen, jedoch nicht zu prall, da die Taschen noch verschlossen werden müssen.

Die Öffnungen mit einem Zahnstocher verschließen, sodass die Ricottamasse während des Garens nicht austreten kann.

Die gefüllten Hähnchenbrüste in eine leicht eingeölte Fettpfanne legen, mit Alufolie zudecken und 20–25 Minuten im Ofen braten, bis sie durchgegart sind.

Camembert-Fondue

Wir Schwestern haben viel gemein. Eine unserer Lieblingsbeschäftigungen in jungen Jahren war – und ist noch immer – das Skilaufen. Um ehrlich zu sein, der Skiurlaub bestand zu 70 Prozent aus Schnee und Pisten und zu 30 Prozent aus Unmengen von geschmolzenem Käse. Dieses Rezept ist von unseren traditionellen Fondueabenden inspiriert. Eine denkbar einfache Vorspeise oder mal ein etwas anderer Snack – stippen und teilen vom Feinsten. LINSEY

FÜR 4 PERSONEN

2 Knoblauchzehen
1 ganzer kleiner Camembert, möglichst in der Spanschachtel
1 Schuss (30 ml) trockener Weißwein
knuspriges Brot, z. B. Baguette, in Stücke zerrupft, zum Servieren

Den Ofen auf 180 °C vorheizen. Die Knoblauchzehen schälen und in Scheiben schneiden. Den Camembert aus der Plastikfolie wickeln, wieder in die Papp- oder Spanschachtel legen (ohne den Deckel) und auf ein Backblech stellen.

Den Käse mit einem scharfen Messer mehrfach einschneiden und in jeden Einschnitt ein Knoblauchscheibchen hineinstecken. Den Camembert mit dem Wein beträufeln und 20–25 Minuten im Ofen backen, bis er sich weich anfühlt.

Die knusprigen Brotwürfel in den cremigen Käse stippen und genießen!

CAMEMBERT

Fürstlicher Makkaroniauflauf

Dies ist das ultimative Wohlfühlessen. Mit der einen oder anderen Abänderung lässt es sich auf jeden Geschmack abstimmen. Im Café bereiten wir es nach diesem Rezept mit körnigem Senf zu, für eine kinderfreundliche Version lässt man diesen einfach weg und ersetzt die Hälfte des Cheddars durch den milderen Applewood oder eine geräucherte Variante. Für eingefleischte Karnivoren geben wir knusprig gebratene Pancetta zu. LINSEY

FÜR 4–6 PERSONEN

250 g reifer Cheddar
50 g gesalzene Butter
50 g Mehl
850 ml fettarme Milch
½ EL körniger Senf
½ TL Salz
1 Prise weißer Pfeffer
250 g Makkaroni

Den Cheddar reiben. Die Butter in einem großen Topf mit dickem Boden bei mittlerer Hitze zerlassen. Das Mehl dazugeben, sofort mit einem Kochlöffel verrühren und unter ständigem Rühren 2 Minuten anschwitzen, bis die Mehlschwitze einen nussigen Duft verströmt.

Nach und nach in kleinen Mengen die Milch zugießen und nach jeder Zugabe sorgfältig mit dem Schneebesen glatt rühren. Die Masse wird zunächst sehr dick. Langsam unter Rühren weitere Milch zugießen, bis sie restlos eingearbeitet ist (langsam zugießen, damit sich keine Klümpchen bilden). Die Bechamelsauce 5–10 Minuten unter ständigem Rühren kochen, bis sie eine sämige Konsistenz angenommen hat. Ist sie zu dick, noch etwas Milch unterrühren.

Die Sauce von der Kochstelle nehmen, 200 g Käse untermengen und einige Minuten rühren, bis er sich vollständig aufgelöst hat. Nicht mehr kochen lassen, damit die Sauce nicht gerinnt. Zuletzt den Senf unterrühren und die Sauce nach Belieben mit weiterem Salz und Pfeffer abschmecken.

Den Ofen auf 180 °C vorheizen. Die Makkaroni in einem großen Topf in kochendem Salzwasser nach Packungsanleitung garen. Die Pasta abtropfen lassen, im Topf mit der Käsesauce vermengen und in eine große Auflaufform füllen.

Den Makkaroniauflauf mit dem restlichen Käse bestreuen und 20 Minuten im Ofen goldbraun überbacken.

Quarriers Village
Three Sisters Bake

Pastete mit Hähnchen und Schweinshachse

Diese leckere Pastete ist besonders im Winter ein Hochgenuss. Schweinshachse gehört zu den schmackhaftesten und preiswertesten Fleischsorten und schont das Budget. GILLIAN

FÜR 4 PERSONEN

1 geräucherte Schweinshachse
3 Wacholderbeeren
2 Lorbeerblätter
3 Knoblauchzehen
1 weiße Zwiebel
1 kleine Möhre
2 Stangen Lauch
1½ EL Olivenöl
50 g Butter
4 Hähnchenbrustfilets ohne Haut (etwa 600 g)
3 Zweige frischer Thymian
2 EL Mehl
300 ml fettarme Milch
15 g frischer Estragon
150 g Blätterteig (Fertigprodukt)
1 großes Ei
Salz und frisch gemahlener schwarzer Pfeffer

Die Schweinshachse waschen, mit Wacholderbeeren und Lorbeer in einen großen Topf geben und mit Wasser bedecken. 2 Knoblauchzehen dazupressen, das Ganze aufkochen und offen 4 Stunden leise köcheln lassen, bis das Fleisch fast vom Knochen fällt. Die Hachse herausnehmen und abkühlen lassen, die Brühe beiseitestellen.

Inzwischen die Zwiebel und die Möhre schälen. Den Lauch putzen und waschen. Das Gemüse in Würfel und das Hähnchenfleisch in Streifen schneiden. Den Ofen auf 200 °C vorheizen.

Das Öl und die Butter in einer Kasserolle mit dickem Boden erhitzen. Die Hähnchenstreifen hineingeben und bei mäßiger Hitze von allen Seiten braun anbraten. Das Gemüse und den Thymian hinzufügen, die restliche Knoblauchzehe dazupressen und alles weitere 5 Minuten unter häufigem Rühren braten, bis das Gemüse weich und goldbraun ist, dann mit dem Mehl bestäuben. Unter Rühren 2–3 Minuten anschwitzen, dann in kleinen Mengen die Milch angießen und nach jeder Zugabe sorgfältig glatt rühren. 150 ml von der Brühe zugeben und das Ragout unter ständigem Rühren 5–10 Minuten auf kleiner Flamme köcheln lassen, bis die Sauce sämig ist.

Das Fleisch der Hachse ablösen und zerpflücken. Den Estragon grob hacken. Beides unter das Hähnchenragout mengen, dieses mit Salz und Pfeffer abschmecken und zugedeckt etwa 2 Minuten vorsichtig erhitzen.

Das Ragout in eine passende Auflaufform füllen. Den Blätterteig darüberlegen, rundherum am Rand fest andrücken und den überhängenden Teig abschneiden.

Aus dem Teigrest mit einem sehr scharfen kleinen Messer zwei Blätter ausschneiden, kleine Linien hineinritzen und die Pastete damit dekorieren. Die Pastete mit verschlagenem Ei bestreichen und im heißen Ofen in 15 Minuten goldbraun backen.

Lammspieße mit Minze und Rosmarin

Diese in Joghurt marinierten Spieße schreien geradezu nach Wassermelone mit Schafskäse und frischer Minze (Seite 44). LINSEY

FÜR 4 PERSONEN

FÜR DIE MARINADE

1 Knoblauchzehe
2 Zweige Minze
12 kleine Zweiglein Rosmarin
150 g Joghurt
Saft von 1 Zitrone
1 EL Olivenöl
1 Prise Salz und frisch gemahlener schwarzer Pfeffer

FÜR DIE LAMMSPIESSE

1 kg ausgelöste Lammkeule oder -schulter
Zitronenspalten zum Servieren
Selbst gebackenes Fladenbrot (Seite 118) und Raita (Seite 99) zum Servieren

Für die Marinade die Knoblauchzehe schälen und in eine große Schüssel pressen. Die Kräuter waschen und trockenschütteln. Die Minze mit Stielen fein hacken, den Rosmarin abzupfen und grob hacken. Sämtliche Zutaten für die Marinade in der Schüssel verrühren. Das Lammfleisch in mundgerechte Stücke schneiden und gründlich in der Marinade wenden. Alles mit Frischhaltefolie zudecken und über Nacht im Kühlschrank marinieren.

Den Grill vorheizen. 8 Schaschlikspieße aus Holz 10 Minuten in kaltes Wasser legen, damit sie nicht verbrennen, oder Metallspieße verwenden. Die Fleischwürfel auf die Spieße stecken.

Die Lammspieße auf dem Rost 10 Minuten grillen (für medium) und dabei regelmäßig umdrehen. Oder auf dem Herd in einer beschichteten Grillpfanne in 1 Teelöffel Olivenöl bei starker Hitze 5–8 Minuten grillen; regelmäßig wenden.

Die Lammspieße mit Zitronenspalten, Fladenbrot und Raita servieren.

Dad's Barbecue-Marinade

Dies darf bei uns bei keinem Barbecue fehlen. Es ist eines der beiden »Gerichte«, die Dad beherrscht – das andere ist Rührei! Man kann darin praktisch alles marinieren – Schweinekoteletts, Hähnchenschenkel, hausgemachte Burger, Schweinswürste ... sie alle schmecken fabelhaft, wenn man das Fleisch gleichmäßig mit der Marinade einreibt und vor dem Grillen eine Stunde ziehen lässt. LINSEY

ERGIBT ETWA 300 G (1 KLEINES GLAS)

100 ml Raps- oder Pflanzenöl
100 ml Ketchup
1 EL Worcestersauce
1 gehäufter TL Senfpulver
50 g brauner Rohrzucker
1 kräftige Prise Salz und frisch gemahlener schwarzer Pfeffer

Sämtliche Zutaten in einer großen Schüssel verrühren.

Die Marinade in ein sterilisiertes Glas füllen, fest verschließen und kühl lagern. Sie hält sich bis zu 1 Monat.

Fisch in der Folie

Ein weiteres Gericht, das sich schnell auf den Tisch zaubern lässt, wenn die Zeit knapp ist. Der Fisch wird dabei im eigenen Saft gedämpft, tatkräftig unterstützt von ein paar wunderbar aromatischen Zutaten. Experimentieren Sie ruhig mit verschiedenen Kombinationen – ich mache es ständig, doch auf diese beiden Rezepte komme ich immer wieder zurück. LINSEY

FÜR 2 PERSONEN

2 weißfleischige Fischfilets oder -steaks (Kabeljau, Schellfisch oder Seezunge aus nachhaltigem Fang)

FÜR DIE FISCHPAKETE MIT FENCHEL

1 kleine rote Zwiebel, in ganz feine Streifen geschnitten
2 TL grob gehackter Estragon
30 ml trockener Weißwein
2 EL Crème fraîche
½ Fenchelknolle, geputzt und in dünne Scheiben gehobelt
Meersalz und frisch gemahlener schwarzer Pfeffer

FÜR DIE PIKANTEN THAI-FISCHPAKETE

1 frischer roter Chili, von Samen befreit und in feine Ringe geschnitten
½ Stängel Zitronengras, längs in feine Streifen geschnitten
3 TL grob gehacktes Koriandergrün
Saft von 1 Zitrone
200 ml Kokosmilch
½ TL Meersalz

Den Backofen auf 170 °C vorheizen. Zwei große quadratische Bögen Backpapier oder Alufolie auf die Arbeitsfläche legen. Die Zutaten für das gewählte Rezept zu gleichen Teilen auf die Bögen verteilen – die Ränder der Bögen leicht hochschlagen, damit die Flüssigkeit nicht herunterläuft – und nach Geschmack salzen.

Die Ränder des Papiers oder der Folie über der Füllung zusammenführen und verschließen. Bei Alufolie braucht man einfach nur die Ränder ineinander falten und fest zusammendrücken, bei Backpapier muss man die Pakete eventuell mit Küchengarn verschnüren. Sie sollten hermetisch schließen, damit während des Garens kein Dampf entweichen kann.

Die Fischpakete nebeneinander in eine ofenfeste Form legen und je nach Dicke der Filets oder Steaks 10–15 Minuten im Ofen backen. Im Zweifelsfall nach 10 Minuten eine Garprobe machen – nichts ist schlimmer für zartes Fischfilet als zu lange Garzeiten.

Notfall-Eiswürfel

Seit ich Mutter bin, bemühe ich mich, eine von diesen gut organisierten Frauen zu sein, die immer eine praktische Reserve im Gefrierschrank haben, um die Zeit am Herd abzukürzen. Ich weiß, dass auch Linsey darauf schwört, seit sie es satt hat, zahllose Zutaten wie Zitronengras oder Kokosmilch einzukaufen, nur damit der Rest irgendwann schlecht wird. NICHOLA

Kokosmilcheiswürfel mit Zitronengras, Chili und Limette

Macht sich großartig zu Hähnchen oder Garnelen für ein Thai-Curry oder eine Wokpfanne.

ERGIBT 20 EISWÜRFEL

1 Stängel Zitronengras
2 rote Chilis, je nach gewünschter Schärfe von Samen befreit oder nicht
400 ml Kokosmilch
abgeriebene Schale von 3 Bio-Limetten

Das Zitronengras und die Chilis fein hacken und mit der Kokosmilch und der Limettenschale vermengen.

In einen oder zwei Eiswürfelbehälter mit insgesamt 20 Mulden füllen und einfrieren.

Knoblauch-Kräuteröl-Eiswürfel

Sie verleihen Saucen Würze und geschmackliche Subtilität. In der Pfanne zerlassen, kann man damit aber auch ein Steak braten.

ERGIBT 10 EISWÜRFEL

10 Knoblauchzehen
10 g glatte Petersilie, fein gehackt
10 g frischer Oregano, fein gehackt
150 ml natives Olivenöl extra

Die Knoblauchzehen schälen und im Mörser zerstoßen. Die Kräuter waschen, trockenschütteln und fein hacken.

Sämtliche Zutaten gründlich vermengen, in Eiswürfelbehälter abfüllen und einfrieren.

Oliven-Tomaten-Würfel mit Zitrone

Unter gekochte Pasta gemengt und mit geriebenem Parmesan und frischen Kräutern bestreut, lässt sich aus diesen Würfeln ein superschnelles Abendessen zaubern.

ERGIBT 6 EISWÜRFEL

100 g entsteinte schwarze Oliven
150 g getrocknete Tomaten in Öl
abgeriebene Schale von 3 Bio-Zitronen

Die Oliven grob hacken. Die getrockneten Tomaten fein hacken und mit ihrem Öl, der Zitronenschale und den Oliven vermengen. Die Masse in 6 Eiswürfelformen füllen und, falls nötig, mit etwas nativem Olivenöl extra auffüllen. Einfrieren.

Pesto-Würfel

Auftauen, über Hähnchen löffeln oder unter Pasta ziehen.

Siehe Pesto-Rezept auf Seite 175

Reste von Pesto lassen sich in Eiswürfelbehälter abfüllen und für eine spätere Verwendung einfrieren.

Karamellisierte Zwiebeleiswürfel

Wichtig ist es, das Zwiebel-Chutney gleich nach der Zubereitung und sobald es abgekühlt ist einzufrieren.

Siehe Rotes Zwiebel-Chutney auf Seite 34

Zwiebel-Chutney lässt sich hervorragend einfrieren und in kleinen Portionen auftauen, wenn ein Dip benötigt wird. Es eignet sich als Quiche-Belag und passt gut zu Rührei mit gerösteten Pinienkernen (Seite 34). Auch auf einem Sandwich mit Brie schmeckt es köstlich.

Hähnchen-Sticks für Kinder mit hausgemachter Salsa

Hier sind blitzblanke Teller garantiert. Ich habe mit vielen Familien zusammengearbeitet und viel Zeit damit zugebracht, etwas Kinderfreundliches auf den Tisch zu bringen, und oft war es ein Reinfall. Dieses Gericht war das Richtige, um die Kinder am nächsten Abend versöhnlich zu stimmen und mein Selbstvertrauen als Köchin wiederherzustellen. LINSEY

ERGIBT 10–12 STICKS

FÜR DIE HÄHNCHEN-STICKS
1 kleine Tüte (50 g) Chips
75 g Semmelbrösel
50 g Mehl
1 großes Ei
2 Hähnchenbrustfilets ohne Haut

FÜR DIE SALSA
1 Dose (400 g) gehackte Tomaten
geriebene Schale von 1 Bio-Limette
1 EL fein gehacktes Koriandergrün
1 EL brauner Zucker
1 Schuss Balsamico-Essig
1 Prise Salz

Den Backofen auf 180 °C vorheizen. Die Chips in der Tüte in kleine Stücke zerbröseln und mit den Semmelbröseln in einer großen Schüssel vermischen. Das Mehl in eine flache Schale geben, das Ei in eine ebensolche aufschlagen und verquirlen. Das Hähnchenbrustfilet in jeweils 5–6 Streifen schneiden.

Die Hähnchenstreifen in dem Mehl wenden, nacheinander einzeln in das Ei tauchen und rundherum mit der Semmelbrösel-Chips-Mischung panieren. Die panierten Hähnchen-Sticks auf einem Backblech verteilen und 15–20 Minuten im Ofen backen, bis das Fleisch durchgegart ist.

Inzwischen die Salsa zubereiten. Die gehackten Tomaten in einem Sieb abtropfen lassen, den Saft anderweitig verwenden. Die Tomaten mit den restlichen Zutaten für die Salsa sorgfältig vermengen.

Die Hähnchen-Sticks mit der Salsa und einem Salat oder einem gedämpften Gemüse servieren (keine Sorge, das Gemüse mindert den Hurrafaktor nur geringfügig!).

Basilikum-Pesto

Noch ein kinderfreundlicher Klassiker. Dies ist das ultimative Rezept, Kindern die Abneigung vor grünem Essen auf dem Teller zu nehmen. Um noch eine Extraportion Gesundes in das Pesto – und damit in die Kinder – zu schmuggeln, können Sie eine Handvoll frischen Spinat oder Grünkohl untermengen, sie merken es gar nicht. Es ist zwar ein Schwindel, aber er dient ja einem guten Zweck! Pesto gehört zu den Dingen, die aus dem Glas nicht schmecken – selbst gemachtes ist so viel besser, hat keine künstlichen Zusatzstoffe und ist auf Knopfdruck fertig. LINSEY

150 g frische Basilikumblätter
100 g Parmesan
2 Knoblauchzehen
100 g Pinienkerne
½ TL grob gemahlener schwarzer Pfeffer
Saft von 1 Zitrone und geriebene Schale von ½ Bio-Zitrone
400 ml Olivenöl
1 kräftige Prise Salz

Das Basilikum waschen und trockenschütteln. Den Parmesan reiben, den Knoblauch schälen.

Die Pinienkerne in einer beschichteten Pfanne ohne Fettzugabe rösten, bis sie anfangen zu duften.

Sämtliche Zutaten im Mixer etwa 1 Minute pürieren, bis die Mischung körnig ist.

Das Pesto in einem luftdicht verschlossenen Behälter im Kühlschrank lagern und innerhalb einer Woche verbrauchen.

TONIC
AND NERVINE
LECITHIN FOOD
NUMOL
BODY BUILDER
DIGESTIVE & APPETISING
FOR
CHILDREN & ADULTS

Kuchen und Süßig-keiten

In meiner Kindheit war Roald Dahls Kinderbuch »Das Wundermittel« meine Lieblingslektüre. Ich konnte Stunden damit zubringen, Tinkturen, Zaubertränke und Mixturen zusammenzumischen. Ich kramte alles Mögliche aus Mutters altmodischer Vorratskammer hervor und mixte Teelöffel von Gewürzen, Mehl, Rübensirup, Lebensmittelfarbe und was immer mir unter die Finger kam zusammen.

Mein Interesse an der Zaubertrankküche wuchs sich zu einer Vorliebe für das Backen aus. Ich saß auf dem Küchentresen, während meine Mutter oder Oma backten, schlug die Eier auf, wog Zutaten ab, rührte den Teig und – natürlich – schleckte den Löffel ab. Als Hauswirtschaftslehrerin war meine Mutter hocherfreut zu sehen, wie sich das Interesse ihrer mittleren Tochter für die Hauswirtschaftslehre entwickelte!

In der Schule galt mein Interesse den Naturwissenschaften. Ich war ganz begeistert, als ich auf der High School feststellte, dass Chemie quasi die Fortsetzung der Zaubertrankexperimente aus meiner Kindheit war. Ich absolvierte ein Chemiestudium und arbeitete später in einem Pharmaunternehmen. Dabei blieb ich eine begeisterte Bäckerin und verbrachte so manchen Sonntagnachmittag damit, peinlich genau die Zutaten für einen gestürzten Pfirsichkuchen abzumessen und in meiner geliebten pinkfarbenen Kitchen-Aid zu mischen!

Nachdem ich mal einen großen Schwung Cupcakes für die Hochzeit einer Freundin gebacken hatte, wurde mir klar, dass mir das Backen viel mehr Spaß machte als mein Job. Ich begann über Wege nachzudenken, ins Backgeschäft einzusteigen, und beschaffte mir einen Zuschuss für Existenzgründer. Ich ging sehr sparsam mit dem Geld um, investierte in Vorräte, Flyer, Kuchenschachteln und Tortenständer. Ich gestaltete meine eigene Website und nahm am heimischen Küchentisch meine kleine, bescheidene Hochzeitstortenbäckerei auf, die drei Jahre später zum *Three Sisters Bake* wurde.

NICHOLA

Sommerliche Biskuit-Hochzeitstorte

Diese herrliche sommerliche Hochzeitstorte wird Ihre Gäste begeistern. Sie sollte so frisch wie möglich sein (am besten vom Vortag). Wenn Sie also am Tag vor der Hochzeit nicht knietief im Mehl versinken wollen, bitten Sie doch eine Freundin oder Verwandte, die gern backt, um Hilfe. Es ist ein Allzweckbiskuitrezept, das recht schnell geht, doch ist es eine Torte, für die man sich Zeit lassen sollte. NICHOLA

FÜR 60–80 PERSONEN

Insgesamt werden 12 Biskuitböden in vier Größen gebacken. Sie brauchen dazu Springformen in den Größen 12, 18, 26 und 32 cm. Sie müssen also in drei Durchgängen arbeiten. Wenn Sie von jeder Größe zwei Formen besitzen, können Sie bereits die zweite Teigmenge ansetzen, während die erste Fuhre im Ofen ist. Wenn nicht, macht nichts, dann dauert es eben ein bisschen länger. Das Ergebnis ist eine 4-Etagen-Torte mit je 3 Biskuitschichten pro Etage.

GESAMTMENGE DER ZUTATEN FÜR DEN BISKUITTEIG DER ETAGENTORTE

- 880 g extrafeiner Zucker
- 880 g weiche Butter, plus Butter zum Einfetten
- 16 große Eier, zimmertemperiert
- 8–10 Tropfen Vanillearoma
- 880 g Mehl
- 4 Päckchen à 7 g Backpulver

GRUNDREZEPT

- 220 g extrafeiner Zucker
- 220 g weiche Butter, plus Butter zum Einfetten
- 4 große Eier, zimmertemperiert
- 2–3 Tropfen Vanillearoma
- 220 g Mehl
- 1 Päckchen à 7 g Backpulver

FÜR DIE BUTTERCREME

- 400 g weiche Butter
- 1 kg Puderzucker, plus etwas zum Bestäuben
- 150–200 ml Vollmilch

AUSSERDEM

- ca. 250 g Himbeerkonfitüre (am besten selbst gemacht)
- frische Blüten und gemischte Beeren (z. B. Blaubeeren, Himbeeren und Erdbeeren) zum Dekorieren

Den Ofen auf 160 °C vorheizen. Jeweils eine Form von jeder Größe ausbuttern und mit Backpapier auskleiden.

Sämtliche Zutaten für eine Rezeptmenge bereitstellen. Mehl und Backpulver mischen. Die weiche Butter und den Zucker in die Rührschüssel der Küchenmaschine oder eine andere Rührschüssel geben. Jeweils vier Eier dazuschlagen und das Ganze mit der Küchenmaschine oder dem elektrischen Handrührgerät mindestens 2–3 Minuten schaumig rühren. Je länger gerührt wird, desto feiner wird die Schaummasse. Das Vanillearoma unter die Schaummasse rühren. Die Mehl-Backpulver-Mischung dazugeben und unterheben.

Den Teig auf die 4 vorbereiteten Formen verteilen. Die jeweiligen Teigschichten sollten gleich dick, insgesamt aber relativ dünn sein. Das Mengenverhältnis muss aber nicht ganz exakt stimmen – gerade ihr nicht so perfektes Aussehen macht die Torte reizvoll. Vor dem Backen den Teig in den Formen mit einem Palettenmesser glatt streichen.

Die beiden kleineren Formen sollten gemeinsam auf einem Gitter im Ofen Platz finden, die größeren Biskuitböden nacheinander im heißen Ofen 20–25 Minuten backen, bis sie sich elastisch anfühlen, wenn man sie andrückt. Die Biskuits in der Form ein wenig abkühlen lassen, herauslosen und zum Abkühlen jeweils auf ein Kuchengitter setzen.

In der gleichen Weise die restlichen Zutaten verarbeiten, sodass am Ende 12 Biskuitböden in vier Größen (3 pro Etage) bereitstehen.

Für die Buttercreme die Butter und den Puderzucker in der Küchenmaschine hellgelb und schaumig rühren oder in einer großen Rührschüssel mit dem elektrischen Handrührgerät verrühren – das kann bis zu 5 Minuten dauern. Langsam die Milch zugießen und alles zu einer geschmeidigen und streichfähigen Masse verarbeiten.

Den ersten Biskuit von 32 cm auf eine große Tortenplatte legen. Die Oberseite zuerst mit einer dünnen Schicht Himbeerkonfitüre und dann mit Buttercreme bestreichen. Den zweiten 32-cm-Biskuit auflegen, in gleicher Weise mit Konfitüre und Buttercreme bestreichen und mit dem dritten 32-cm-Boden zudecken. Den oberen Biskuit nicht bestreichen. Die restlichen Biskuitböden von 26, 18 und 12 cm Durchmesser in gleicher Weise bestreichen und übereinanderschichten. Am Ende haben Sie 4 Biskuitstapel von jeweils drei Schichten.

Mit einem Palettenmesser vorsichtig die 26-cm-Etage auf die 32-cm-Etage heben. Dann die 18-cm-Ebene daraufsetzen und zuoberst mit der 12-cm-Biskuitetage abschließen. Die Etagentorte mit frischen Blüten und Beeren dekorieren und mit Puderzucker bestäuben (Foto siehe nächste Seite).

JUST
MARRIED

Himbeer-Kokos-Torte

Unsere Himbeer-Kokos-Torte verbindet die nostalgische Aura einer klassischen Biskuittorte (Seite 180) mit einem trendigen kokosnussigen Einschlag. Sie ist kinderleicht und im Handumdrehen fertig und hat dennoch diesen »Wow!«-Effekt. Und wenn sie ganz besonders schön werden soll, kann man sie am Rand mit Schokostreuseln und obendrauf mit frischen Himbeeren dekorieren. Die Torte ist so hübsch, dass ich sie sogar für meine eigene Hochzeit gebacken habe!

NICHOLA

FÜR 8–10 PERSONEN

225 g Mehl
1 Päckchen à 7 g Backpulver
225 g weiche Butter, plus Butter zum Einfetten
225 g extrafeiner Zucker
4 große Eier, raumtemperiert
75 g Kokosraspel
3 EL Kokosmilch (aus der Dose)

FÜR DIE BUTTERCREME
375 g Puderzucker
130 g weiche (raumtemperierte) Butter
4 EL Kokosmilch aus der Dose
7 TL Himbeerkonfitüre (möglichst selbst gemacht)
frische Himbeeren zum Dekorieren
geröstete Kokosflocken zum Dekorieren

Den Ofen auf 160 °C vorheizen. Die Ränder zweier Springformen von 23 cm Durchmesser mit Butter einfetten, die Böden mit Backpapier auslegen.

Mehl und Backpulver in eine Rührschüssel oder in die Rührschüssel der Küchenmaschine sieben. Butter, Zucker und Eier dazugeben und 2–3 Minuten zu einem glatten Teig verrühren. Die Kokosraspel und die Kokosmilch unter den Teig rühren. Bei der Zubereitung in der Küchenmaschine die Geschwindigkeit jeweils vor der Zugabe auf niedrige Stufe stellen.

Den Teig auf die vorbereiteten Springformen verteilen, glatt streichen und im heißen Ofen 20–25 Minuten backen, bis die Böden gleichmäßig goldgelb sind und zurückfedern, wenn man sie andrückt. In der Form abkühlen lassen, herauslösen und auf Kuchengitter setzen.

Für die Buttercreme den Puderzucker in eine Rührschüssel sieben und die Butter zugeben (oder die Masse in der Küchenmaschine zubereiten). Die Masse in 3–5 Minuten hellgelb und schaumig schlagen. Langsam die Kokosmilch einträufeln und glatt rühren. Erscheint die Creme etwas fest, 1 weiteren Esslöffel Kokosmilch einarbeiten.

Die Torte zusammensetzen: Dazu einen Biskuitboden mit der Himbeerkonfitüre bestreichen und knapp die Hälfte der Buttercreme auftragen. Den zweiten Boden daraufsetzen und mit der restlichen Buttercreme bestreichen. Rundherum den Tortenrand mit frischen Himbeeren dekorieren und mit gerösteten Kokosflocken bestreuen.

CHOCOLATE SPLODGE

Schokoladenecken

Dies ist eines der einfachsten Rezepte im Buch. Die Schokoladenecken müssen nicht einmal gebacken werden, und auch Kinder haben großen Spaß an der Zubereitung. Unsere Mutter vertrieb uns damit an verregneten Ferientagen die Langeweile (und im Westen Schottlands sind die relativ häufig!) Sie nannte die Ecken »splodge« – Klecks –, der Name ist geblieben. Unsere jungen Gäste lieben sie. NICHOLA

ERGIBT 16–20 STÜCK

550 g Vollkornkekse
275 g Butter
275 g gute Bitterschokolade (50–60 % Kakaoanteil), in Stücke zerbrochen
275 g Rosinen
300 g Kondensmilch
500 g gute Vollmilchschokolade

Ränder und Boden einer rechteckigen Form (ca. 24 x 26 cm) mit Backpapier auskleiden.

Die Kekse in eine große Schüssel geben und mit dem Griffstück eines Nudelholzes in kleine Stücke zerstoßen.

Die Butter und die Bitterschokolade in einer Schüssel im Wasserbad unter gelegentlichem Rühren schmelzen. Sobald die Masse homogen ist, die Schüssel aus dem Wasserbad nehmen. Die Rosinen und die Kondensmilch unterrühren, die zerbröckelten Kekse dazugeben und alles gut vermischen.

Die Masse in die vorbereitete Form gießen und gleichmäßig verstreichen; dabei sorgfältig in Ränder und Ecken drücken. Für 20–30 Minuten in den Kühlschrank stellen, bis die Masse fest ist.

Die Vollmilchschokolade im Wasserbad schmelzen, über den Kuchen träufeln und gleichmäßig verstreichen. Erneut für 20–30 Minuten kalt stellen, bis die Schokolade fest ist. Den Kuchen in Stücke schneiden – und zulangen!

Ingwerschnitten

Dieses leckere Ingwernaschwerk habe ich in Australien entdeckt. Zurück in Schottland verbrachte ich Wochen mit dem Versuch, das Rezept nachzumachen – vergeblich. Schließlich bereitete Yvonne, Gillians Schwägerin, meinem Kummer ein Ende, als sie mal einen Ingwerkuchen mitbrachte, der genauso schmeckte wie jener aus Australien, den ich zu kopieren versucht hatte. Zum Glück verriet mir Yvonne das Rezept, heute gehört der Kuchen fest zum Sortiment unserer Kuchenvitrine im Café – danke Yvonne! NICHOLA

ERGIBT 16–20 STÜCKE

FÜR DEN MÜRBTEIGBODEN
280 g Mehl
125 g extrafeiner Zucker
1½ TL Backpulver
2½ TL gemahlener Ingwer
180 g kalte Butter, gewürfelt, plus Butter zum Einfetten

FÜR DIE INGWERCREME
20 g frische Ingwerwurzel
180 g Butter
100 g dunkler Maissirup (oder Zuckerrübensirup)
375 g Puderzucker
2½ TL gemahlener Ingwer

Den Backofen auf 180 °C vorheizen. Den Boden einer Backform von 34 x 24 cm mit Backpapier auslegen, die Ränder mit Butter einfetten.

Für den Mürbteigboden Mehl, Zucker, Backpulver und Ingwer im Mixer mit der Impulstaste grob vermengen. Die Butter zugeben und weiter mit der Impulstaste mixen, bis die Masse an grobe Brösel erinnert. Alternativ können Sie die trockenen Zutaten in einer großen Rührschüssel vermischen und mit den Fingern die Butter hineinreiben.

Den Teig fest in die Backform pressen, mit einem Spatel gleichmäßig ausbreiten und glätten und im heißen Ofen 18 Minuten backen, bis der Boden goldbraun ist. Herausnehmen und abkühlen lassen.

Für die Creme den Ingwer schälen und fein reiben. Butter und Sirup in einem kleinen Topf bei ganz schwacher Hitze zerlassen. Den Puderzucker und den Ingwer in die Mischung geben und diese mit dem elektrischen Handrührgerät aufschlagen, bis sie dick und cremig ist.

Die Creme über den Teigboden in die Form gießen und mit einem Spatel gleichmäßig verstreichen. Vor dem Zuschneiden warten, bis sie fest geworden ist.

Schokoladen-Orangen-Kuchen

Dies ist ein wirklich dekadenter Kuchen – einer für Erwachsene. Das Garen der Orangen unterstreicht das spritzige Aroma der Früchte, was dem Kuchen eine reizvolle zitrusfrische Note verleiht. Es ist ein mehlloser Kuchen und, wenn auch nicht ganz glutenfrei, auch für Menschen mit einer leichten Glutenunverträglichkeit geeignet. NICHOLA

FÜR 8–10 PERSONEN

3 Bio-Orangen
6 große Eier, zimmertemperiert
250 g extrafeiner Zucker
200 g gemahlene Mandeln
1 TL Backpulver
½ TL Backnatron
60 g Kakaopulver

FÜR DIE GANACHE

200 g gute Bitterschokolade, in Stücke zerbrochen
130 g Butter
1 TL heller Rübensirup
50 ml süße Sahne (oder Crème double)

Die ganzen Orangen in einem großen Topf mit kaltem Wasser bedecken, aufkochen und bei schwacher Hitze zugedeckt 2 Stunden köcheln lassen. Gelegentlich den Wasserstand prüfen. Am Ende der Kochzeit die Orangen abtropfen und abkühlen lassen.

Die Orangen vierteln, von Kernen befreien und mit Schale zu einem relativ glatten Brei pürieren.

Den Ofen auf 180 °C vorheizen. Rand und Boden einer Springform von 23 cm Durchmesser mit Backpapier auskleiden.

Die Eier und den Zucker in einer großen Rührschüssel 1–2 Minuten mit dem elektrischen Handrührgerät verrühren und 375 g der pürierten Orangen untermischen (etwaige Reste können eingefroren und anderweitig verwendet werden). Die gemahlenen Mandeln, das Backpulver, das Backnatron und das Kakaopulver gleichmäßig unterrühren.

Den Teig in die vorbereitete Form füllen und 50 Minuten im heißen Ofen backen. Zur Garprobe in der Mitte mit einem Spieß einstechen – es sollte kein Teig mehr daran haften bleiben. Den Kuchen in der Form ein wenig abkühlen lassen, herauslösen und auf ein Gitter setzen.

Für die Ganache Schokolade, Butter und Sirup unter gelegentlichem Rühren im Wasserbad schmelzen, dann aus dem Wasserbad heben, etwas abkühlen lassen und anschließend die Sahne (oder Crème double) unterrühren.

Die warme Ganache über den Kuchen gießen und auch an den Seiten herabfließen lassen. Den Kuchen vor dem Servieren mindestens 30 Minuten abkühlen lassen.

Nektarinen-Himbeer-Kuchen

Die gemahlenen Mandeln sorgen dafür, dass der Kuchen wunderbar saftig bleibt. Je nach Jahreszeit und Anlass lassen sich die Nektarinen durch Äpfel oder Pflaumen ersetzen (5 oder 6 Pflaumen sollten genügen). NICHOLA

FÜR 8–10 PERSONEN

3 reife Nektarinen
1 Handvoll frische Himbeeren
180 g weiche Butter
180 g extrafeiner Zucker
1 TL Vanillearoma
3 große Eier, zimmertemperiert
100 g gemahlene Mandeln
150 g Mehl
1¼ TL Backpulver
50 g gehobelte Mandeln
Puderzucker zum Bestäuben

Nektarinen und Himbeeren gut waschen und abtropfen lassen. Die Nektarinen entsteinen und in 1 cm dicke Scheiben schneiden. Den Backofen auf 175 °C vorheizen. Boden und Rand einer Springform von 23 cm Durchmesser mit Backpapier auskleiden.

Butter, Zucker und Vanillearoma in der Küchenmaschine oder in einer Rührschüssel mit dem elektrischen Handrührgerät hellgelb und schaumig schlagen. Einzeln nacheinander die Eier unterrühren, dann allmählich das mit Backpulver und gemahlenen Mandeln vermischte Mehl unterheben.

Knapp die Hälfte des Teiges in die vorbereitete Form füllen und glatt streichen. Die Nektarinenscheiben und die Himbeeren auf dem Teig verteilen, dann den restlichen Teig einfüllen und glatt streichen. Es macht nichts, wenn hier und da ein paar Früchte herausschauen.

Den Kuchen mit den gehobelten Mandeln bestreuen und 45–50 Minuten backen, bis er goldbraun ist. Zur Garprobe in der Mitte mit einem Spieß einstechen – es sollte kein Teig mehr daran haften bleiben.

Den Kuchen aus dem Ofen nehmen, in der Form abkühlen lassen und anschließend mit Puderzucker bestäuben.

Apfel-Mandel-Kuchen mit Kokoscreme

Dieser herrlich saftige Kuchen verspricht glutenfreien Hochgenuss – vorausgesetzt, man verwendet glutenfreies Backpulver (zu finden im gut sortierten Supermarkt) – und ist für Zöliakier geeignet. NICHOLA

FÜR 8–10 PERSONEN

2 Tafeläpfel
abgeriebene Schale von 1 Bio-Zitrone, Saft von ½ Zitrone
6 große Eier, zimmertemperiert
225 g extrafeiner Zucker
240 g gemahlene Mandeln
1 TL glutenfreies Backpulver (z.B. Weinsteinbackpulver)
½ TL Vanillearoma
40 g gehobelte Mandeln
2 EL Kokosraspel

FÜR DIE KOKOSBUTTERCREME
280 g Puderzucker
100 g weiche Butter
3 EL Kokosmilch

Die Äpfel schälen, entkernen und in Würfel schneiden, mit Zitronenschale und -saft in einen kleinen Topf geben und zugedeckt bei geringer Hitze 15–20 Minuten dünsten, bis sie weich sind. Abkühlen lassen.

Den Backofen auf 160 °C vorheizen. Den Boden und den Rand einer Springform von 20 cm Durchmesser mit Backpapier auskleiden.

Die Eier und den Zucker in einer Rührschüssel mit dem elektrischen Handrührgerät schaumig rühren. Die Äpfel zusammen mit den gemahlenen Mandeln, dem Backpulver, dem Vanillearoma und den gehobelten Mandeln zur Schaummasse geben und alles zu einem Teig verarbeiten.

Den Teig in die Form füllen und 40 Minuten im Ofen backen. Zur Garprobe in der Mitte einen Spieß einstechen. Klebt noch Teig daran, die Backzeit um 10 Minuten verlängern. Am Ende der Backzeit den Kuchen aus dem Ofen nehmen und in der Form abkühlen lassen.

Für die Kokosbuttercreme den Puderzucker und die Butter 5 Minuten schaumig rühren. Die Kokosmilch dazugeben und alles 1 weitere Minute schlagen.

Den abgekühlten Kuchen aus der Form lösen, mit der Buttercreme bestreichen und mit den Kokosraspeln bestreuen.

Zucchini-Limetten-Kuchen

Jeder von uns hat Favoriten unter den Kuchen und Speisen auf der Karte unseres Cafés, und dieser Zucchini-Limetten-Kuchen gehört definitiv zu Gillians Lieblingen. Sie setzte sich vehement dafür ein, ihn in das Repertoire des Cafés aufzunehmen – trotz unserer Bedenken, dass bestimmt niemand eine so merkwürdige Kombination bestellen würde. Klingt in der Tat etwas sonderbar, doch probieren Sie ihn aus, und Sie werden wissen, warum Gillian so darauf steht. NICHOLA

FÜR 8–10 PERSONEN

FÜR DEN TEIG

135 ml Sonnenblumenöl
200 g extrafeiner Zucker
3 große Eier, zimmertemperiert
300 g Mehl
1 Päckchen à 7 g Backpulver
½ TL Backnatron
335 g fein geriebene Zucchini
abgeriebene Schale von 2 Bio-Limetten

FÜR DIE KÄSECREME

200 g Frischkäse (Doppelrahmstufe)
100 g Puderzucker
abgeriebene Schale und Saft von 1 Bio-Limette

AUSSERDEM

in lange Bänder geschnittene Zucchini zum Garnieren

Den Backofen auf 160 °C vorheizen. Boden und Rand einer Springform von 20 cm Durchmesser mit Backpapier auskleiden.

Das Öl, den Zucker und die Eier in einer großen Rührschüssel mit dem elektrischen Handrührgerät in 2–3 Minuten schaumig schlagen. Mehl, Backnatron und Backpulver hineinsieben und unter die Schaummasse heben. Die geriebenen Zucchini und die Limettenschale untermischen.

Den Teig in die vorbereitete Form füllen und im heißen Ofen 40–50 Minuten backen, bis der Kuchen goldbraun ist. Zur Garprobe in der Mitte einen Spieß einstechen – es sollten keine Teigreste daran haften bleiben. Den Kuchen in der Form etwas abkühlen lassen, herauslösen und auf ein Kuchengitter setzen.

Für die Käsecreme den Frischkäse mit dem Puderzucker cremig und glatt rühren. Limettenschale und -saft dazugeben und unterrühren.

Die Creme mit einem Spatel oder einem Palettenmesser auf den abgekühlten Kuchen auftragen, verstreichen und ein paar dekorative Wellen einarbeiten.

TIPP

Lange Zucchinibänder machen sich optisch sehr schön auf dem Kuchen, sollten aber vor dem Genießen wieder entfernt werden.

Lagg 7
Whiting Bay 15
Lamlash 19
Blackwaterfoot ½
Pirnmill 11
Lochranza 17
The Lagg Hotel
Best Western Kinloch Hotel ½
Shiskine Golf Club ¾

Zitronen-Blaubeer-Kuchen

Dieser Kuchen ist ein regelmäßiger Gast in unserer Kuchenvitrine und hat sich dort als äußerst beliebt erwiesen. Ein paar Blaubeeren darüber verteilt, und er wird zum Hingucker für einen besonderen Anlass, schmeckt aber auch einfach zum Nachmittagstee. NICHOLA

FÜR 8–10 PERSONEN

FÜR DEN TEIG
180 g weiche Butter
225 g Mehl
180 g extrafeiner Zucker
3 große Eier, raumtemperiert
3 TL Backpulver
1 TL Vanillearoma
60 g Crème fraîche
abgeriebene Schale von 2 Bio-Zitronen
300 g Blaubeeren

FÜR DIE KÄSECREME
150 g Frischkäse (Doppelrahmstufe)
75 g Puderzucker, plus 1 TL zum Bestäuben
abgeriebene Schale und Saft von 1 Bio-Zitrone

Den Backofen auf 160 °C vorheizen. Boden und Rand einer Springform von 20 cm Durchmesser mit Backpapier auskleiden.

Butter, Mehl, Zucker, Eier, Backpulver und Vanillearoma in einer großen Rührschüssel mit dem elektrischen Handrührgerät einige Minuten rühren, bis der Teig hellgelb und luftig ist. Die Crème fraîche und die Zitronenschale zugeben, weitere 30 Sekunden rühren und die Hälfte der Blaubeeren unter den Teig heben.

Den Teig in die vorbereitete Form füllen und 40–50 Minuten backen, bis der Kuchen goldbraun ist. Zur Garprobe in der Mitte einen Holzspieß einstechen. Wenn keine Teigreste daran haften, ist der Kuchen fertig. Andernfalls noch einige Minuten weiterbacken.

Für die Käsecreme den Frischkäse und den Puderzucker glatt und cremig rühren. Die Schale und den Saft der Zitrone unterziehen.

Am Ende der Backzeit den Kuchen aus dem Ofen nehmen und in der Form etwas abkühlen lassen. Aus der Form lösen und auf ein Gitter setzen. Nach dem Abkühlen die Käsecreme auftragen, mit den restlichen Blaubeeren dekorieren und mit Puderzucker bestäuben.

Riesen-Empire-Biscuits

Empire biscuits, früher auch als Linzer biscuits oder German biscuits bekannt, wurden nach dem Ausbruch des Ersten Weltkrieges in einer patriotischen Geste umbenannt. Trotz ihrer kontinentalen Herkunft lieben die Schotten diese mit Marmelade gefüllten Doppelkekse, und noch heute findet man sie in jeder Bäckerei des Landes. Unsere Variante ist eine Mammutversion, doch sie wird getreu dem Original mit einer Cocktailkirsche verziert. GILLIAN

ERGIBT 12 STÜCK

FÜR DIE PLÄTZCHEN
225 g weiche Butter
100 g extrafeiner Zucker
250 g Mehl, gesiebt, plus Mehl zum Bestäuben
gute Himbeerkonfitüre

FÜR DEN GUSS
450 g Puderzucker
60 ml Vollmilch
Cocktailkirschen zum Dekorieren

Den Ofen auf 180 °C vorheizen. Zwei Backbleche mit Backpapier auslegen. In einer großen Rührschüssel Butter und Zucker mit dem elektrischen Handrührgerät in 2–3 Minuten zu einer feinen Schaummasse schlagen. Das Mehl dazugeben und nur kurz unterrühren, bis es eben eingearbeitet ist.

Den Teig auf der bemehlten Arbeitsfläche 5 mm dünn ausrollen. Mit einem runden Ausstecher große Plätzchen ausstechen – der Teig sollte für 24 Plätzchen reichen.

Die Plätzchen auf die vorbereiteten Bleche legen – 6 Stück auf jedes Blech – und portionsweise 8–10 Minuten backen, bis sie goldgelb sind. Die Plätzchen 5 Minuten auf dem Blech abkühlen lassen und dann auf einem Kuchengitter erkalten lassen.

Einen Teelöffel Himbeerkonfitüre auf die Unterseite eines Plätzchens geben und verstreichen, jedoch nicht bis zum Rand. Ein zweites Plätzchen mit der Unterseite daraufsetzen und sanft andrücken. Die restlichen Plätzchen in gleicher Weise verarbeiten.

Mit einem kleinen Schneebesen Puderzucker und Milch zu einem streichfähigen Guss verrühren. Diesen mit dem Rücken eines Teelöffels auf die Doppelkekse auftragen und gleichmäßig verstreichen. Bevor der Guss fest wird, jedes Plätzchen mit einer halbierten Cocktailkirsche verzieren.

Kokos-Pie mit Passionsfruchtcreme

Dieser Pie steht regelmäßig auf unserer Soul-BBQ-Abendkarte. Mit der Aufgabe betraut, eine Reihe von amerikanisch angehauchten Desserts zu entwickeln, fuhr unser Bäcker Dave einige Tafelfreuden auf, darunter diesen köstlichen Kokos-Pie. **GILLIAN**

FÜR 12 PERSONEN

FÜR DEN TEIG
235 g Mehl, plus Mehl zum Bestäuben
50 g extrafeiner Zucker
150 g kalte Butter, gewürfelt
1 großes Ei, zimmertemperiert

Backlinsen zum Blindbacken

FÜR DIE KOKOSCREME
250 g extrafeiner Zucker
100 g weiche Butter
2 große Eier, raumtemperiert
200 g Kokosraspel
250 ml Vollmilch
60 ml Kondensmilch
1 TL Vanillearoma
15 g Mehl

Passionsfruchtcreme zum Servieren (Seite 214)

Für den Teig Mehl und Zucker im Mixer mit der Impulstaste kurz vermengen. Nach und nach die Butterwürfel untermixen, bis die Mischung bröselig ist. Das Ei hineinschlagen und erneut mixen, bis sich die Zutaten grob verbunden haben. Den Teig auf die bemehlte Arbeitsfläche geben und rasch durchkneten, dann zu einem Kloß formen, in Frischhaltefolie wickeln und 1–2 Stunden kalt stellen. Dann den Teig aus der Folie wickeln und 10–20 Minuten bei Zimmertemperatur ruhen lassen.

Den Ofen auf 180 °C vorheizen. Eine Tarteform mit Hebeboden von 25 cm Durchmesser mit etwas Butter ausfetten.

Die Arbeitsfläche und ein Nudelholz leicht mit Mehl bestäuben und den Teig etwa 5 mm dünn ausrollen – die Teigplatte muss groß genug sein, um die Form damit auskleiden zu können.

Den Teig mit dem Nudelholz aufnehmen, über der Form wieder abrollen und rundherum behutsam in den Rand einpassen. Mit dem Nudelholz über den Formrand rollen, um überhängenden Teig abzutrennen. Den Boden mit einer Gabel einige Male einstechen, mit Backpapier auskleiden und mit Backlinsen füllen. Im Ofen 20–25 Minuten blindbacken. Herausnehmen, Backlinsen und Papier entfernen und den Boden abkühlen lassen. Die Ofentemperatur auf 170 °C reduzieren.

Für die Cremefüllung den Zucker und die Butter schaumig schlagen. Die Eier einzeln unterrühren. Die übrigen Zutaten dazugeben und gut einarbeiten. Die Kokoscreme vorsichtig auf den Teigboden gießen und den Pie weitere 25 Minuten backen, bis die Creme gestockt und goldbraun ist.

Den Pie aus der Form lösen und auf einem Kuchengitter abkühlen lassen. Mit Passionsfruchtcreme servieren.

Schokoladen-Brownies

Diese leckeren Brownies sind bei den Kindern der Hit im Café. Sie lassen sich ein bisschen auf erwachsen trimmen, indem man Kirschen unter den Teig mengt oder sie mit frischen Kirschen und Schlagsahne dazu serviert.

FÜR 16–20 BROWNIES

225 g Butter, plus etwas Butter für die Form
225 g gute Bitterschokolade (wir verwenden belgische Schokolade mit 53 % Kakaoanteil)
4 große Eier, raumtemperiert
325 g extrafeiner Zucker
100 g Mehl
50 g Kakaopulver
50 g frische Kirschen (nach Belieben)

Den Ofen auf 160 °C vorheizen. Boden und Rand einer rechteckigen Auflaufform von 24 x 36 cm ausbuttern und mit Backpapier auskleiden.

Die Butter und die Schokolade im Wasserbad schmelzen. Dabei immer wieder umrühren. Die Schüssel vom Wasserbad nehmen und die Masse etwas abkühlen lassen.

Die Eier und den Zucker in einer großen Rührschüssel mit dem elektrischen Handrührgerät in 5 Minuten zu einer feinen Schaummasse schlagen. Die Schokoladen-Butter-Mischung nach und nach dazugießen und behutsam einarbeiten. Das Mehl und das Kakaopulver hineinsieben und unterziehen.

Den Brownie-Teig in die vorbereitete Form füllen und mit einem Spatel gleichmäßig verteilen und glatt streichen. Im heißen Ofen 30 Minuten backen. Sobald die Oberfläche glänzt und leicht blättrig aussieht, ist der Brownie fertig.

Den Brownie in gleich große Stücke schneiden und nach Belieben mit frischen Kirschen servieren.

Apfel-Kirsch-Crumble

An einem kalten, dunklen schottischen Abend (und davon gibt es viele) geht nichts über einen warmen Crumble zum Nachtisch.

FÜR 8 PERSONEN

FÜR DIE FÜLLUNG
350 g Kochäpfel
100 g Schwarzkirschen (auch tiefgefroren oder aus dem Glas)
50 g brauner Zucker
1/4 TL gemahlener Zimt
1 TL Vanillearoma

FÜR DIE STREUSEL
200 g Mehl, gesiebt
1 Prise Salz
200 g kalte Butter, gewürfelt
100 g Haferflocken
175 g brauner Zucker

Den Ofen auf 180 °C vorheizen. Die Äpfel schälen, entkernen und in Würfel schneiden. Die Kirschen entsteinen. Tiefkühlware zuvor auftauen.

Sämtliche Zutaten für die Füllung in einem Topf vermengen, vorsichtig erhitzen und bei schwacher Hitze unter häufigem Umrühren 5 Minuten garen, bis die Äpfel weich sind.

Für die Streusel in einer großen Schüssel Mehl, Salz und Butter mit den Fingern zerreiben, bis die Mischung an grobe Brösel erinnert. Die Haferflocken und den Zucker untermengen.

Die gedünsteten Früchte in eine Auflaufform füllen, gleichmäßig mit den Streuseln bedecken und im heißen Ofen in 20–25 Minuten goldbraun backen.

Den Crumble noch warm mit Vanilleeis oder Schlagsahne servieren.

Schokoladen-Himbeer-Törtchen

Wir lieben Leckereien, die genauso gut aussehen, wie sie schmecken, und diese bezaubernden Törtchen erfüllen zweifellos diesen Anspruch. Sie sind so schmuck, dass wir sie auf einer »Alice im Wunderland«-Themenparty im Café serviert haben. Überflüssig zu sagen, dass sie weggingen wie warme Semmeln. **GILLIAN**

FÜR 8 TÖRTCHEN

1 Rezept Kokos-Pie-Teig (Seite 202)
150 g gute Bitterschokolade (50–60 % Kakaoanteil)
100 g Butter, plus Butter zum Einfetten
1 großes Ei und 1 großes Eigelb
30 g extrafeiner Zucker
12 EL Himbeerkonfitüre
Kakaopulver/Puderzucker zum Bestäuben
8 frische Himbeeren zum Garnieren

Den Backofen auf 180 °C vorheizen und ein Muffinblech mit 12 Mulden mit Butter einfetten. Den Teig zubereiten, wie auf Seite 202 beschrieben, und 30 Minuten kalt stellen.

Den Teig auf einer leicht bemehlten Arbeitsfläche etwa 5 mm dünn ausrollen und mit einem passenden Ausstecher 8 runde Scheiben von 9 cm Durchmesser ausstechen. Die Teigscheiben behutsam in die Mulden des Muffinblechs einpassen. Die Teigmulden mit Backpapier auskleiden, mit Backlinsen füllen und 15–20 Minuten im Ofen blindbacken.

Am Ende der Backzeit das Muffinblech aus dem Ofen nehmen, Backlinsen und Papier entfernen und die Törtchenböden abkühlen lassen. Die Ofentemperatur auf 170 °C reduzieren.

Die Schokolade und die Butter im Wasserbad schmelzen und kurz abkühlen lassen.

Inzwischen in einer großen Schüssel das Ei, das Eigelb und den Zucker mit dem elektrischen Handrührgerät zu einer Schaummasse schlagen und diese nach und nach unter die flüssige Schokolade-Butter-Mischung ziehen.

Je 1 Esslöffel Konfitüre in die Törtchenböden geben und diese dann bis zum Rand mit der Schokoladenmischung auffüllen. Das Ganze weitere 5 Minuten im Ofen backen.

Die Törtchen aus dem Ofen nehmen und abkühlen lassen. Bevor die Schokolade vollständig ausgehärtet ist, mit frischen Himbeeren dekorieren und mit Kakaopulver oder Puderzucker bestäuben.

Milkshake mit Schokoladen-Brownie

Wer behauptet, Milkshakes seien nur etwas für Kinder? Wir sind ja alle für gesunde Ernährung von Montag bis Freitag, aber es macht keinen Sinn, Kalorien zu zählen, wenn man einen Schoko-Milkshake zubereitet! Ohne das cremige Eis und den üppigen Schokogeschmack würde das Rezept einfach nicht funktionieren. Probieren Sie es aus und Sie werden schmecken, wie unglaublich gut es ist. NICHOLA

FÜR 2 GROSSE ODER 6 KLEINE MILKSHAKES

2 Schokoladen-Brownies (Seite 206)
400 ml Vollmilch
100 ml Sahne
2 Kugeln gutes Vanilleeis

Die Schokoladen-Brownies in Stücke brechen. Sämtliche Zutaten im Mixer pürieren, bis der Milkshake die gewünschte Konsistenz hat – wir mögen ihn recht cremig, aber noch mit ein paar Brownie-Bröckchen darin. In hohe Gläser füllen und genießen!

Lemon Curd

Curds lassen sich mit dem Saft der meisten Früchte zubereiten, aber ganz besonders überzeugt dieses klassische Rezept mit aromatischen, säuerlichen Früchten wie Zitronen, Limetten, Orangen oder Passionsfrüchten (Maracujas). Im Café servieren wir Lemon Curd als Aufstrich zu unseren selbst gebackenen Scones, während Passionsfruchtcreme ein Renner auf unserer Dessertkarte geworden ist – wir servieren sie zum Kokos-Pie (Seite 202). **NICHOLA**

ERGIBT ETWA 2 GLÄSER JE 400 G

2 große Eier und 6 große Eigelbe
225 g extrafeiner Zucker
250 ml frisch gepresster Zitronensaft
1 Prise Salz
110 g kalte Butter, gewürfelt

Die Eier, die Eigelbe, den Zucker, den Zitronensaft und 1 Prise Salz in einer hitzebeständigen Schüssel grob verschlagen. Die Schüssel auf ein Wasserbad setzen und die Masse 10–15 Minuten beständig schlagen, bis sie dick wird.

Die Schüssel vom Wasserbad herunternehmen und nach und nach die Butter unterrühren. Sobald die Butter geschmolzen ist, die Eiercreme durch ein Sieb in eine Metallschüssel passieren. Diese auf eine weitere Schüssel mit Eiswasser setzen und die Creme unter gelegentlichem Rühren 5 Minuten herunterkühlen.

Die Lemon Curd über Nacht durchkühlen lassen. In Schraubgläsern luftdicht verschlossen, hält sie sich im Kühlschrank bis zu 2 Wochen.

Beerenkompott

Das ganze Jahr freuen wir uns auf die schottische Beerensaison, und wenn sie dann da ist, wissen wir kaum, wie wir die Unmengen an Früchten verwerten sollen, weil wir es mit dem Pflücken mal wieder übertrieben haben. Beerenkompott schmeckt noch besser aus leicht überreifen Früchten, die man anderweitig nicht mehr verarbeiten kann, die aber zu schade zum Wegwerfen sind. LINSEY

300–400 g gemischte Beerenfrüchte (frisch oder tiefgefroren)
250 g extrafeiner Zucker

Die Beeren putzen, waschen und gut abtropfen lassen. Tiefkühlware vor dem Gebrauch auftauen.

Den Zucker in einem Topf mit dickem Boden mit 250 ml Wasser verrühren und unter ständigem Rühren erhitzen, bis sich der Zucker vollständig aufgelöst hat. Aufkochen und bei schwacher Hitze 5–10 Minuten köcheln lassen, bis die Flüssigkeit sirupartig dick ist.

Den Sirup von der Kochstelle nehmen und die gemischten Beeren einrühren. Vor der Verwendung vollständig abkühlen lassen.

A

B

C

D

E

F

M

N

O

P

Q

R

Dank

Unser erster und größter Dank gebührt unseren Eltern. Obwohl wir wissen, dass ihr uns lieber in »seriösen Berufen« sehen würdet, können Worte nicht sagen, welche Dankbarkeit wir für euere unerschütterliche Unterstützung in den vergangenen zwei Jahren empfinden. Wir wissen, dass unsere Ideen oft haarsträubend sind. Wir danken euch, dass ihr uns geholfen habt, die schlechten Einfälle zu verwerfen und mit Händen und Füßen für die guten zu kämpfen. Unglaublich, wie weit ihr für uns gegangen seid! Danke für euere Hilfe im Alltag und dafür, dass ihr immer den Hörer abhebt, obwohl stets eine große Wahrscheinlichkeit besteht, dass euch ein Einsatz als Babysitter, Spüler, Handlanger oder Ausfahrer droht.

Ein Dank auch an alle unsere Kunden. Wir sind überwältigt von der Anzahl an Menschen, die von nah und fern in unser kleines Dorf strömen, um unsere Kuchen, Salate und Pulled Porks zu probieren. Ein besonderer Dank gilt dabei unseren Stammgästen aus Quarriers und Umgebung. Euere vertrauten Gesichter und die Freundschaften, die wir in den vergangenen beiden Jahren geschlossen haben, waren für uns ein unerwartetes Glück.

Ohne unsere Mitarbeiter – die aktuellen wie die ehemaligen – würde es das *Three Sisters Bake* nicht geben. Die Vorstellung, wir könnten das Café zu dritt betreiben, erscheint uns heute absurd. Ihr aber habt unsere Visionen übernommen, und ohne euere Anregungen und Ideen, eueren Humor und euere Energie wäre das Café nicht annähernd das, was es heute ist.

Ein besonderer Dank gilt unserer ersten Barista und Managerin Jessica Statham. Deine Kunst an der Kaffeemaschine ist ebenso bewundernswert wie dein Umgang mit Kunden und Mitarbeitern und deine Fähigkeit, auch noch nach einer 16-Stunden-Schicht eine fröhliche Miene zu zeigen. Mit dir kamen Organisation und System, und du brachtest Ordnung in jedes Chaos. London kann sich glücklich preisen, dass du dort bist, aber uns fehlst du.

Besonderer Dank gebührt auch unserem Küchenchef (Peter Wilson). Gott weiß, wo wir ohne dich wären. Wir haben unser Café eröffnet mit nichts als großen Träumen vom guten Essen. Dank deiner Begeisterung für Aromen, Experimente und Kochwettbewerbe haben wir unsere hochgesteckten Ziele schneller als erwartet erreicht. Das, was heute aus unserer Küche kommt, erfüllt uns mit Stolz. Wir danken dir!

Clive and Douglas! Danke, dass ihr so großartige und hilfreiche Ehemänner/Schwäger seid. Ihr habt verstanden, dass mit Nichola and Gillian verheiratet zu sein bedeutet, mit dem Café verheiratet zu sein. Danke, dass ihr uns mit eueren handwerklichen und buchhalterischen Fähigkeiten ebenso helft wie beim Zusammensetzen von Hochzeitstorten, hinter dem Tresen und dass ihr die Scherben zusammenkehrt, wenn etwas schiefläuft.

Ein Dankeschön an alle unsere Freunde, besonders das DIY-Team – wir verdanken zahlreichen Leuten zahlreiche Malstunden. Danke, dass ihr in eueren besten Overalls kommt und euch abrackert. Für euere Pausen haben wir mit der Kuchenbäckerei begonnen und damit weitergemacht – dank euerer Arbeit in schönerem Rahmen. Danke, dass ihr immer wieder mit Familie und Freunden unser Café besucht habt – besonders in der Anfangszeit, als wir fürchteten, nie »richtige« Kunden zu finden.

Oma McCallum, alte Süßwarenhändlerin! Du bist eine fantastische Großmutter, und die Gastronomen-Gene haben wir von dir. Es gibt nicht viele Kinder, die in einem richtigen Süßwarengeschäft Kaufladen spielen durften. Dir verdanken wir viele schöne Kindheitserinnerungen und die Anregung, unseren eigenen »Süßwarenladen« zu eröffnen.

Liz Tate, unsere erste Serviceberaterin. Es gibt im *Three Sisters Bake* nur wenige Tage, an denen wir uns nicht fragen: »Was würde Liz jetzt tun?«

Lisa Palompo Dixon von Palompo PR. Du »verkaufst« die Marke *Three Sisters Bake* mit mehr Begeisterung und Hingabe, als wir selbst je hätten aufbringen können. Du lachst nicht über unsere Träume, sondern spielst eine wichtige Rolle bei ihrer Verwirklichung.

Helen Cathcart, deine Zaubertricks mit der Kamera werden wir nie durchschauen. Du verwandelst das Alltägliche in reine Schönheit und füllst dieses Buch damit. Wir danken dir ebenso wie Clare Skeats für ihre Kunst als Layouterin, der wir dieses schöne Buch verdanken, und dem Verlag Hardie Grant, besonders Kate Pollard, die an uns geglaubt und es uns ermöglicht hat, ein tolles Buch zu schaffen.

Zuletzt ein Dank an alle Ungenannten. Ohne euch wären unsere Wege einsam und traurig. Was das Leben wohl noch alles für uns bereithält?

Zu den Autorinnen

Gillian, Nichola und Linsey Reith sind ein Trio, das in der Küche zu Hause ist, dem die Gastronomie im Blut liegt und das überdies eine solide Kochausbildung absolviert hat. Als Töchter einer Hauswirtschaftslehrerin und Enkelinnen einer Süßwarenhändlerin gelang ihnen ein kometenhafter Aufstieg in die Spitzengruppe der Gastronomen Glasgows.

Auf der Basis ihrer auf weltweiten Reisen gewonnenen Erfahrungen und ihrer Vorliebe für gute Hausmannskost eröffneten die drei jungen Damen ihr *Three Sisters Bake* genanntes Café nahe Glasgow. Es bietet eine reiche Auswahl an bekömmlichen, hochwertigen, frischen und farbenfrohen hausgemachten Gerichten in entspannter, ländlicher Atmosphäre und wurde bereits für mehrere Auszeichnungen nominiert. Neben erstklassigen Backwaren und ambitionierter Küche bieten die Schwestern auch Catering und Kurse für Handarbeit und Kunsthandwerk an.

Titel der Originalausgabe: *Three Sisters Bake. Delectable Recipes for Everyday*
Erschienen bei Hardie Grant Books, London 2014

Deutsche Erstausgabe

Ein Unternehmen der La Martinière Groupe

Umschlaggestaltung: Leonore Höfer, Knesebeck Verlag
Lektorat und Satz: Dr. Helmut Neuberger, Ostermünchen
Herstellung: VerlagsService Dietmar Schmitz GmbH, Heimstetten
Druck: 1010 Printing International Limited
Printed in China

ISBN 978-3-86873-741-7

www.knesebeck-verlag.de